Promenade en Terres Noires

Introduction

Les conditions mondiales actuelles ne contribuent pas à la paix des nations. Elles favorisent largement les migrations des populations constatées ces dernières décennies.

Les guerres, les problèmes économiques, les conséquences de la dégradation de l'environnement (déforestation, sécheresse, famine, catastrophes naturelles...), etc... jettent littéralement des populations entières sur la route de la migration.

Les migrations sont aussi vieilles que l'humanité. Pour des raisons quelque peu différentes de celles des migrations modernes, les premières migrations étaient principalement motivées par des problèmes démographiques, par la conquête des terres, pour l'agriculture ou l'élevage mais aussi par des tendances hégémoniques des certains chefs. C'est ainsi que, partant d'un point donné de la terre, les différents continents ont été peuplés.

Ce livre n'aborde que la migration – voulue ou subie et réalisée sur plusieurs millénaires – des communautés noires qui ont peuplé l'Afrique. Par égoïsme ou par cupidité, certaines ont fini par être déportées sur d'autres continents.

L'objectif de ce livre n'est ni de culpabiliser ni de victimiser ni non plus de porter un quelconque jugement sur les motivations ou les aspirations des différents acteurs mais de relater les faits historiques tels qu'ils nous sont transmis par les historiens.

L'histoire de l'occupation progressive de ces territoires par les communautés noires est décrite par nation selon les frontières actuelles – par regroupement géographique – pour en faciliter la découverte. Il ne vous reste plus qu'à reconstituer leurs parcours par des recoupements successifs.

Bonne évasion !

Promenade en Terres Noires

Le peuplement des continents s'est fait progressivement par des migrations successives. Ces migrations, principalement motivées par la démographie, ont fini par être subies pour diverses raisons. Les conflits consécutifs à la conquête des terres, la soif du pouvoir ou encore l'assujettissement ou l'asservissement des populations jugées inférieures en sont quelques-unes.

Les historiens s'accordent à dire que l'humanité a une origine commune. Selon la théorie appelée « monogénisme » basée sur le modèle dit de « *l'arche de Noé* » ou modèle du «*jardin d'Eden*», « *l'Homo sapiens se serait constitué en un lieu déterminé (...) et aurait émigré vers les autres continents de l'Ancien Monde* »[1]. Et d'ajouter : «*Personne ne nie plus l'unité de l'espèce Homo sapiens sapiens* ». Même si les avis divergent sur ce « *lieu déterminé* » d'où seraient parties les migrations, il est plus que probable que le peuplement de l'Afrique se soit fait du nord vers le sud par le bassin du Nil, lien naturel avec la Méditerranée.

On estime que les Bochimans furent parmi les premiers habitants d'Afrique. Leur migration les conduisit vers le sud, longeant le Nil pour finir par atteindre le territoire de l'actuel Afrique du Sud vers 1500 av. J-C. Ils finirent par s'établir dans le désert du Namib à mesure qu'ils étaient rejoints par d'autres communautés. Ils furent suivis par les Hottentots

---

[1] Afrique Noire, Histoire et civilisations- Tome 1(1995) page 18 par E. M'Bokolo.
« Monogénisme » : « Théorie qui conçoit une origine humaine unique et selon laquelle les « races » se seraient différenciées progressivement, à partir d'une souche commune, sous l'effet de l'environnement ou de l'hérédité »

vers le X^è siècle puis, plus tard, par les Bantous, principalement les Zoulous.

Les pygmées, qui occupaient le territoire de l'actuel Ouganda avant notre ère, furent poussés vers l'ouest dans la forêt équatoriale au cours du premier millénaire de notre ère à l'arrivée d'autres communautés, notamment les Bantous, qui les opprimèrent. Les Nilotiques (les Masaïs, les Tutsi, les Luos…) rejoignirent ces autres communautés vers le XV^è siècle. Les Bantous, agriculteurs, continuèrent leur migration vers le sud à la recherche des terres fertiles. Ils investirent les territoires à l'ouest du bassin du Nil (Congo, Centrafrique…) puis, plus au sud, la Zambie ou l'Angola. Parmi ces communautés, citons les Tékés, les Kongo, les Mboshis, les Kota… qui s'établirent au Congo, au Gabon, en Angola…

Plus avant, vers le deuxième millénaire avant notre ère, d'autres communautés se dirigèrent vers l'ouest en longeant la mer Méditerranée. Elles finirent par atteindre la côte occidentale de l'Afrique. Celles-là furent, au cours de leur migration, assujetties par les Berbères qui arrivèrent par la suite. Ces derniers furent eux-mêmes assujettis par les Arabes qui arrivèrent encore plus tard dans cette région.

D'autres communautés ont contourné le désert de Sahara par le sud jusqu'à la côte occidentale tout en s'installant dans les territoires de l'actuel Tchad, Niger ou Mali. Parmi ces communautés, nous retrouvons les Lobi, les Sénoufo et les Gourounsis (au Burkina ou en Côte d'Ivoire), les Tikars, les Bamoun et les Bamiléké (au Cameroun)… Elles furent rejointes plus tard par les Akans, les Sarakolés, les Ewés…

Au cours de ces migrations, plusieurs royaumes et empires se sont constitués et se sont partagés le vaste territoire africain. Certains de ces royaumes furent influents et célèbres jusqu'à l'arrivée des premiers Européens au milieu du XV^è siècle. Parmi eux citons l'empire du Ghana fondé par les Soninkés (du Ve au XIIIe siècle, sur le territoire de l'actuel Ghana, Mali…), l'empire du Mali fondé par Soundiata Keita (XIIIe) ou le royaume de Monomotapa (XIVe siècle, sur le territoire de l'actuel Zimbabwe).

Les Arabes et les Perses avaient atteint la côte est africaine dès le VIIIe siècle et commerçaient avec les populations bantoues qui s'y étaient installées dès le début de notre ère.

Après l'arrivée des Européens sur la côte ouest et la découverte du Nouveau Monde, une autre forme de migration, forcée cette fois-ci, débuta. C'est la tristement célèbre Traite des esclaves qui dura jusqu'à la fin du XIXe siècle et contribua à la déportation des millions d'Africains vers le Nouveau Monde, l'Amérique.

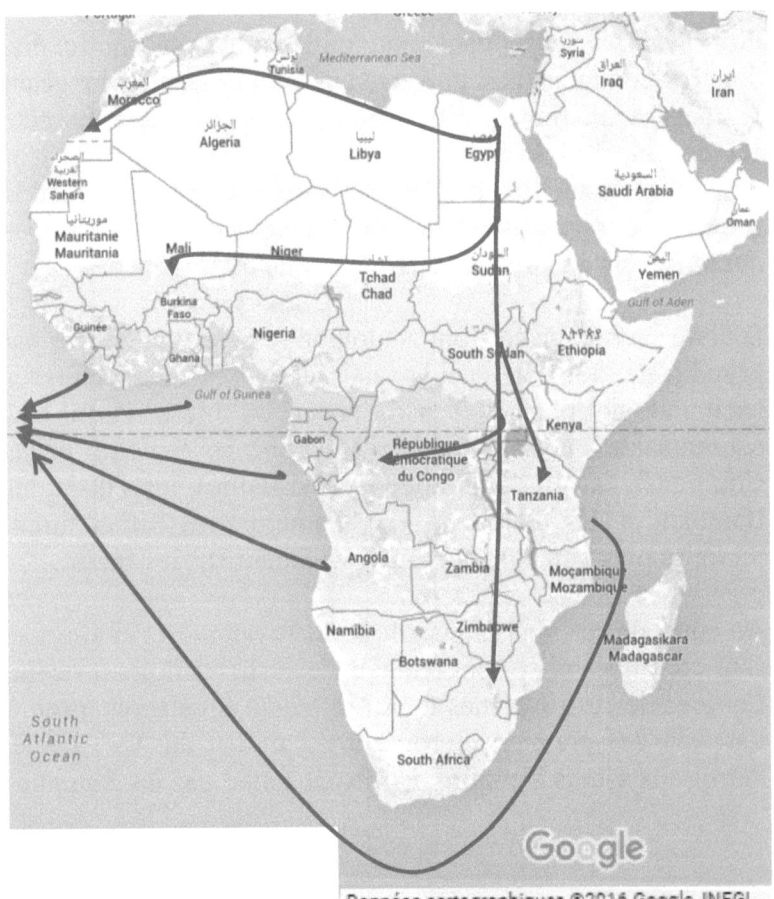

Section 1 : Afrique de l'Est

Habitée depuis le $3^è$ millénaire avant J-C, cette région est historiquement très riche. Plusieurs royaumes des antiques Soudan, Somalie et Ethiopie ont côtoyé la civilisation égyptienne antique. Plusieurs pharaons ont d'ailleurs été originaires du Soudan voisin, anciennement appelé la « Nubie » ou le « pays de Koush », Koush faisant souvent références aux Noirs.

Parmi les peuples qui investirent cette région, plusieurs poursuivirent leur migration vers le sud dans la région de l'actuelle Ouganda et la région de Grands Lacs.

Les pygmées, qui furent parmi les premiers à atteindre ces territoires, seront contraints à l'exil vers l'ouest au début du premier millénaire après J-C. Ils finiront par s'installer dans la forêt équatoriale. Ils fuyaient notamment les Bantous en quête de terres fertiles pour leur bétail. Les Bantous seront rejoints par d'autres populations dont les Masaïs par exemple.

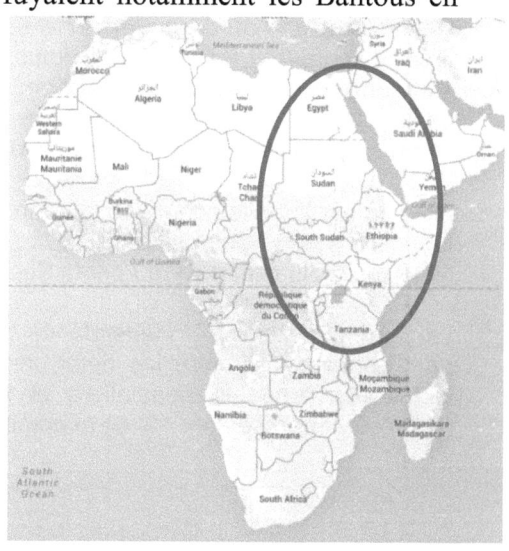

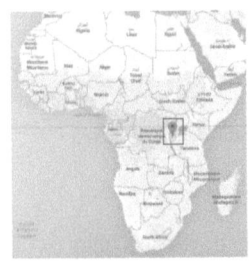

BURUNDI

Identité

Région	Afrique orientale (Grands Lacs)
Superficie	27 816 km^2
Population	10 800 000 (2014)
Capitale	Bujumbura
Principales villes	Gitega, Bururi, Ngozi
Langues	*Français*, swahili, kirundi
Climat	Equatorial. Températures de l'année : 24°C à Bujumbura
Monnaie	Franc burundais (BIF)
Pays voisins	Congo RDC, Rwanda, Tanzanie
PNB/habitant	270 $ (2014)
Ressources	café, thé, coton, kaolin…

Histoire

Le Burundi, anciennement Urundi, est un des petits pays d'Afrique. Il est situé dans la région des Grands Lacs.

Cette région fut habitée autrefois par les pygmées (les Twa) qui en firent délogés par les Bantous (Hutus) – des agriculteurs – qui y sont arrivés au **premier millénaire**. C'est vers le **XVIe siècle** qu'arrivèrent les Tutsi – des pasteurs – qui asservirent les Hutus par le système féodal qu'ils instaurèrent.

Occupé par les Allemands, ce territoire – avec le Rwanda voisin – fut confié à la Belgique au sortir de la première guerre mondiale en 1919 (officiellement en 1923 par la Société des Nations).

Le Burundi accède à l'indépendance en 1962. Mais il est marqué par l'antagonisme entre les deux principales communautés : les Hutus (85 % de la population) et les Tutsi (14%). Les Twa (pygmées) représentent 1% de la population.

COMORES

Identité

Région	Océan indien (entre Afrique et Madagascar)
Superficie	1 862 km²
Population	800 000 (2014)
Capitale	Moroni
Principales villes	Mutsamudu, Fomboni, Mitsamiouli
Langues	*Français*, Arabe, swahili
Climat	Tropical. Températures de l'année : 20-30°C à Moroni
Monnaie	Franc comorien (KMF)
Pays voisins	- (îles)
PNB/habitant	820 $ (2014)
Ressources	vanille, noix de coco, copra…

Histoire

Situé entre l'Afrique et le Madagascar, l'archipel des Comores est composé de 3 îles qui constituent la République fédérale islamique des Comores : Grande Comore (ou Ngazidja), Moheli (ou Mwali) et Anjouan (ou Nzwani). La 4ème île de cet archipel, Mayotte (ou Maoré) est un territoire français (Département d'Outre-Mer), qui n'a pas choisi l'indépendance après les referendums de 1974 et 1976.

Compte tenu de sa situation géographique, les Comores furent très tôt intégrées dans le commerce qui s'opérait dans l'océan indien. Ceci explique la diversité de sa population. Ainsi, ces îles furent occupées dès le début du **premier millénaire** après J-C par les Antalotes, descendants des Africains et des immigrants d'Arabie et d'Orient (Indiens, Malais…). Les Perses (les Chirazis) s'y sont installés en **922**, les Portugais en **1500**, les Français et les Anglais au **XIXe siècle**, sans compter les attaques des Malgaches.

La France acheta l'île de Mayotte en **1843** puis les trois autres îles en **1885**.

Les 3 îles qui forment la République des Comores sont indépendantes depuis 1975.

DJIBOUTI

Identité

Région	Afrique orientale
Superficie	23 200 km^2
Population	810 000 (2014)
Capitale	Djibouti
Principales villes	Tadjourah, Dikhil, Obock, Ali-Sabieh
Langues	*Français*, Arabe, Somali, Afar
Climat	Tropical sec. Températures de l'année : 23-40°C à Djibouti
Monnaie	Franc Djibouti (DJF)
Pays voisins	Erythrée, Ethiopie, Somalie
PNB/habitant	700 $ (2001) Q/A
Ressources	bétail, dattes, poisson

Histoire

Petit pays du nord-est africain, le Djibouti a l'un des climats le plus sec et le plus chaud du monde avec des pointes à 50°C. Son sol est d'origine volcanique et la végétation se fait rare.

Il possède néanmoins des ressources inexploitées comme le cuivre ou le fer ainsi que d'importantes ressources géothermiques.

Dans ces territoires vivent principalement deux communautés : les Afars (ou Danakils) au nord (37% de la population) et les Issas (ou Somalis) dans la capitale (47% de la population). Il y a également une petite communauté des yéménites qui habite le sud.

Ce territoire est connu dès l'antiquité comme carrefour entre l'Arabie et l'Afrique. Faisant partie du Pays de Pount de l'ancienne Egypte, il commerça très tôt avec cette dernière.

C'est en **1862** que les Français signèrent un traité avec les chefs locaux puis en 1884, nommèrent Léonce Lagarde comme gouverneur puis en 1896, ce territoire devint une colonie française.

Le Djibouti devint indépendant en 1977.

ETHIOPIE

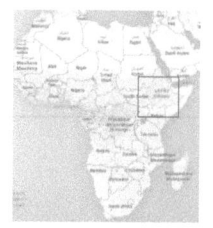

Identité

Région	Afrique orientale
Superficie	1 133 380 km²
Population	99 391 000 (2014)
Capitale	Addis-Abeba
Principales villes	Gondar, Dire Doua, Dessié, Jimma, Nazrët, Harar, Makalé, Bahir Dar
Langues	*Amharique*, Arabe, sidamo, galla, Gouraghinya, Tigrinya, Orominya, Somali
Climat	Tempéré et tropical aride. Températures de l'année : 5-25°C à Addis-Abeba
Monnaie	Birr (ETB)
Pays voisins	Soudan, Erythrée, Djibouti, Somalie, Kenya
PNB/habitant	550 $ (2014)
Ressources	maïs, sorgho, café, coton, bovin

Histoire

Comme pour ses voisins, le Soudan ou la Somalie, le monde n'a retenu de l'Ethiopie que la famine qui l'a frappée suite aux conditions climatiques, la sécheresse par exemple. L'Ethiopie reste néanmoins un pays culturellement et historiquement riche.

Selon la tradition – non vérifiée – le fondateur de la première dynastie éthiopienne serait Ménélik Ier, de la descendance de Salomon, roi hébreux, et de la reine de Saba (actuel Yémen). Ils fondent le royaume d'Aksoum au **1er siècle** de notre ère. Ce royaume est christianisé au IVe s. puis, avec l'expansion de l'islam et la menace des Arabes en 1527, le roi éthiopien (le négus) demande la protection des Portugais arrivés sur la côte en 1520. Les Portugais repoussent les Arabes.

A la fin du XIXe s., avec l'ouverture du canal de Suez, la course au contrôle des côtes de la mer Rouge devient âpre entre les puissances coloniales de l'époque : Angleterre, France, Italie... C'est ainsi qu'en **1889**, le négus Ménélik II signe un traité avec les Italiens qui par la suite tentèrent de coloniser l'Ethiopie ce qui provoqua la guerre entre les deux « amis ».

Parmi les communautés qui peuplent l'Ethiopie, nous retrouvons les Amhara, les Tegréens, les Oromos (40%), les Somalis, les Afars...

KENYA

Identité

Région	Afrique orientale
Superficie	582 646 km²
Population	47 200 000 (2014)
Capitale	Nairobi
Principales villes	Mombasa, Kisumi, Nakuru, Eldoret, Thika, Nyeri, Nanyuki, Kitale, Malindi, Kericho
Langues	*Anglais*, Swahili, Kikuyu, Luo, Luyia, Kamba, Kalenjin, Gusii, Meru
Climat	Tropical (chaud et humide). Températures de l'année : 10-26°C à Nairobi
Monnaie	Shilling kenyan (KES)
Pays voisins	Tanzanie, Ouganda, Soudan, Ethiopie, Somalie
PNB/habitant	1 290 $ (2014)
Ressources	café, thé, coton, fruits & légumes, produits pétroliers

Histoire

Le Kenya est un pays bien connu pour ses parcs nationaux qui attirent chaque année de nombreux touristes. C'est sa faune et sa flore qui font sa richesse mais qui ont aussi attisé l'appétit des braconniers.

Plusieurs communautés se partagent ce territoire. Parmi elles, citons les Kikuyus, les Kambas et les Luylas (des bantous), les masaïs et les Luos (des nilotiques), des Arabes, des Européens, des Somalis...

On pense que les bantous se sont installés sur ces territoires au cours du **premier millénaire** suivis par les Masaïs vers le **XVᵉ s**. Les Indiens et les Arabes exerçaient déjà le commerce sur la côte somalienne plusieurs siècles avant. Les Portugais, arrivés à la fin du **XVᵉ s**. tentèrent de monopoliser ce commerce mais ils furent chassés au XVIIIᵉ s.

Les Anglais firent leur apparition à la fin du **XIXᵉ s**. et le congrès de Berlin leur attribua ce territoire qu'ils colonisèrent au fil du temps. Le Kenya devient officiellement une colonie britannique en 1920. Il accéda à son indépendance en 1963.

OUGANDA

Identité

Région	Afrique de l'est (Grands Lacs)
Superficie	241 041 km²
Population	36 076 000 (2014)
Capitale	Kampala
Principales villes	Jinja, Masaka, Mbale, Mbarara, Entebbe, Tororo, Gulu, Fort Portal
Langues	*Anglais*, Luganda, swahili, Teso, Nyankole, Chiga, Nyoro, Rwanda, Lango, Acholi, Lugbara
Climat	Equatorial et tropical froid. Températures de l'année : 15-26°C
Monnaie	Shilling ougandais (UGX)
Pays voisins	Congo RDC, Soudan, Kenya, Tanzanie, Rwanda
PNB/habitant	680 $ (2014)
Ressources	café, coton, thé, fruits & légumes, élevage, cuivre, phosphate, sel

Histoire

Pays des montagnes situé à cheval sur la vallée du Rift, l'Ouganda est un pays magnifique dont le territoire est couvert à 15% par des lacs : Victoria au sud, Edouard et Albert (ou Mobutu) à l'ouest.

Ses forêts et sa savane abritent de nombreuses espèces animales : rhinocéros, éléphants, lions... Certains sont protégés dans des parcs nationaux.

Deux grandes communautés occupent le territoire de l'Ouganda. Les bantous (75%), au sud, sont composés des Bangandas (18%), de Banankolés ou des Toros alors que les nilotiques occupent le nord (Longos, Acholis et Karamojongs).

Comme chez ses voisins, le territoire de l'actuel Ouganda est habité avant notre ère. Les agriculteurs bantous y sont arrivés au **début de notre ère**, attirés par son sol fertile. Les nilotiques sont arrivés plus tard, vers le **XVe s.**

Ces territoires ont connus des royaumes comme Bunyoro (XVe s.) et Buganda (XVIIe s.). A l'arrivée des Européens, c'est le royaume de Buganda qui est à son apogée. Ce sont les Anglais qui arrivent en premier à la fin du **XIXe s**. pour la recherche des sources du Nil. Il s'agit de John Hanning Speke (en 1862) et Henry Morton Stanley (en 1875). Ils sont accueillis par le roi (ou kabaka) Mutesa Ier.

Paradoxalement, ce pays n'a jamais été colonisé, c'est le système d'administration buganda qui est maintenu jusqu'à ce que le roi Mutesa II soit exilé à Londres en 1953. Il devint néanmoins le premier président de cet état à l'indépendance en 1962.

RWANDA

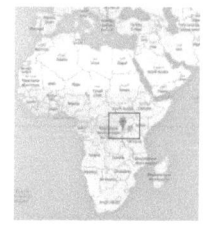

Identité

Région	Afrique orientale (Grands Lacs)
Superficie	26 338 km²
Population	11 300 000 (2014)
Capitale	Kigali
Principales villes	Butare, Ruhengeri, Gisenyi, Nyabisindu, Cyangugu
Langues	*Français*, Kinyarwanda, Swahili
Climat	Equatorial. Températures de l'année : 19°C à Kigali
Monnaie	Franc rwandais (RWF)
Pays voisins	Congo RDC, Ouganda, Tanzanie, Burundi
PNB/habitant	700 $ (2014)
Ressources	café, thé, élevage, bois, étain…

Histoire

« Pays des mille collines » situé dans la région de Grands Lacs, le Rwanda est l'un des plus petits pays africains. La densité de sa population est l'une des plus fortes au monde. Son sol d'origine volcanique est très fertile.

On pense que les premiers habitants de ce pays sont des pygmées ou Twas. Les bantous (ou Hutus), agriculteurs, sont arrivés vers le **début de notre ère** venant probablement du voisin Congo. Les Tutsis, des pasteurs d'origine nilotique, arrivent quant à eux entre le Xe et le XVe s et s'imposent au fil du temps.

Les royaumes qui ont occupé ce territoire sont parmi les plus durables qu'ait connus l'Afrique.

C'est dans les années **1880** qu'arrivent les allemands. Ils colonisent ce territoire en **1890**. Les Belges arrivent en **1916**. Après la première guerre mondiale le Rwanda et le Burundi, connus sous le nom de Ruanda-Urundi, furent placés sous l'administration de la Belgique.

La population actuelle du Rwanda est composée en majorité de Hutus (85%).

C'est en 1962 que le Rwanda accède à l'indépendance.

SEYCHELLES

Identité

Région	Océan indien (Afrique orientale)
Superficie	454 km^2
Population	91 600 (2014)
Capitale	Victoria
Principales villes	Anse Boileau, Cascade, Anse Royal
Langues	*Français*, Anglais, créole
Climat	Tropical. Températures de l'année : 26
Monnaie	Roupie des Seychelles (SCR)
Pays voisins	- (îles)
PNB/habitant	13 990 $ (2014)
Ressources	poisson, fruits & légumes

Histoire

Situés à 1 200 km des côtes africaines au nord-ouest de Madagascar, l'archipel des Seychelles est composé de 115 îles et îlots répartis en deux groupes. Le groupe Mahé au nord est constitué d'une quarantaine d'îles rocheuses. Le groupe du sud est constitué d'îles coralliennes pour la plupart inhabitées. Toute la population (90%) est concentrée sur l'île Mahé, la plus grande de l'archipel.

Ses habitants l'appelle le « jardin d'Eden » pas sans raison compte tenu de son climat, de sa faune ou de sa flore d'une exceptionnelle beauté avec des créatures rares : plantes, oiseaux voire des tortues géantes. Mais la comparaison s'arrête là…

L'archipel des Seychelles fut connu probablement dès le **IXe siècle** par les Arabes mais il est resté inhabité quand les Portugais sont arrivés en **1505**.

Les Français colonisèrent l'archipel en **1756** où ils introduisirent les esclaves venus de l'île Maurice. Les Britanniques en prennent possession en **1804**.

La population est composée pour l'essentiel des Africains et des métis en plus des minorités chinoises ou indiennes.

La république des Seychelles est indépendante depuis 1976.

SOMALIE

Identité

Région	Afrique orientale
Superficie	637 500 km²
Population	12 317 000 (2014)
Capitale	Mogadisio
Principales villes	Baioa, Hargeysa, Kisimayu, Merca, Gioher, Boromo
Langues	_Somali_, Arabe, Anglais, Italien Swahili
Climat	Tropical sec. Températures de l'année : 23-32°C à Mogadisio
Monnaie	Shilling somalien (SOS)
Pays voisins	Djibouti, Ethiopie, Kenya
PNB/habitant	150 $ (2001)
Ressources	élevage, bananes, coton, maïs…

Histoire

Située sur ce qui est appelé la corne de l'Afrique, la Somalie est un pays au climat rude, semi-aride, où la température peut atteindre 0°C ou dépasser les 40°C dans certaines régions. C'est l'un des pays les plus pauvres du monde mais qui comprend le plus grand nombre de chameaux au monde.

La Somalie est habitée depuis longtemps par le peuple Somali (Darod, Issaq, Dir, Hawiye, Dighil et Rahaweinen) qui constitue la majorité de la population (98%), le reste étant essentiellement constitué des peuples bantous, Arabes, Indiens…

Le territoire de la Somalie actuel était appelé le Pays de Pount par les égyptiens des époques pharaoniques. Les commerçants arabes et perses commerçaient déjà avec cette région dès le début de notre ère. Une partie de cette région était rattachée au royaume d'Aksoum.

Les Somalis s'y installent entre le **XIIIᵉ** et le XVIᵉ s.

En **1839**, les Anglais sont les premiers Européens à atteindre cette région et s'établissent dans l'actuel Yémen. Cette région connu un fort mouvement des populations après l'ouverture du canal de Suez en 1869. En **1887**, l'Angleterre établi un protectorat.

En **1915**, l'intérieur du pays devient italien après avoir été abandonné par les Anglais 5 ans plus tôt. Après la deuxième guerre mondiale, la Somalie est placée sous mandat de l'ONU. Elle accède à son indépendance en 1960.

SOUDAN

Identité

Région	Afrique orientale
Superficie	1 886 068 km²
Population	40 720 000 (2014)
Capitale	Khartoum
Principales villes	Omdurman, Port Soudan, Wad Medani, Atbara, Kassala…
Langues	*Arabe*, *Anglais*, Beja…
Climat	Sec. Températures de l'année : 15-41°C à Khartoum
Monnaie	Livre soudanais (SDG)
Pays voisins	Centrafrique, Tchad, Libye, Egypte, Erythrée, Ethiopie, Soudan du Sud
PNB/habitant	1 710 $ (2014)
Ressources	Dattes, sésame, élevage, pétrole, gaz

Histoire

La Soudan était le plus grand pays d'Afrique juste devant l'Algérie jusqu'au 9 juillet 2011, date de l'indépendance du Soudan du Sud. Il regroupe un nombre important d'ethnies, de langues et de religions. Son nom est tiré de l'expression arabe « Bilad al-Sudan » (Pays des Noirs) qui servait à désigner l'ensemble de l'Afrique noire.

Le Soudan est plutôt musulman et occupé par des populations qui se réclament d'origine arabe : les Baggaras et les Bejas par exemple.

Connu sous le nom de « Nuble » ou aussi « pays de Koush » à l'époque pharaonique d'Egypte (plus de 20 s. av n è), le Soudan entretenait des relations étroites avec l'Egypte. Plusieurs pharaons d'Egypte étaient d'origine soudanaise 5 siècles avant JC. Ils furent renversés par les Assyriens en **671 av JC**. Puis vers 350 av JC, le royaume de Nubie fut conquis par celui d'Aksoum (Ethiopie). Plusieurs autres petits royaumes nés de ceux-là subsistèrent jusqu'au XVIᵉ s. de n è.

En **1821**, le Soudan est envahi par les Egyptiens sous la conduite de Méhémet Ali qui fonde la ville de Khartoum en 1823. Cette domination devra durer 60 ans. En **1899**, l'Angleterre domine le Soudan (en binôme avec l'Egypte).

Le Soudan accède à l'indépendance en 1956.

SOUDAN DU SUD

Identité

Région	Afrique orientale
Superficie	619 745 km^2
Population	12 000 000 (2015)
Capitale	Djouba
Principales villes	Rumbek, Malakai, Wau…
Langues	*Anglais*, Dinka, Nuer, Zandé…
Climat	Tropical. Températures de l'année : 20-35°C à Djouba
Monnaie	Livre sud-soudanais (SSP)
Pays voisins	Soudan, Centrafrique, Ethiopie, Kenya, Ouganda, Congo RDC
PNB/habitant	940 $ (2014)
Ressources	coton, arachides, sésame, minerais, pétrole, gaz

Histoire

Le Soudan du Sud est indépendant depuis le 9 juillet 2011 après un referendum d'autodétermination organisé le 9 janvier 2011. Il représente près du quart du Soudan avant cette séparation.

Le Soudan du Sud est plutôt chrétien et animiste. Il est occupé par des populations nilotiques comme les Dinkas, les Azandés, les Nuers (qui font plus de 2 mètres de haut), les Shillucks…

.

TANZANIE

Identité

Région	Afrique orientale
Superficie	945 100 km²
Population	51 420 000 (2014)
Capitale	Dodoma (depuis 1990)
Principales villes	Dar es Salaam, Zanzibar, Mwanza, Tanga, Mbeya, Tabora, Arusha, Dodoma
Langues	<u>Swahili</u>, <u>Anglais</u>, Sukuma, Gogo, Haya, Nyamwezi, Makonde, Chagga
Climat	Tropical humide.19-31°C à Dar es-Salaam
Monnaie	Shilling tanzanien (TZS)
Pays voisins	Congo RDC, Burundi, Rwanda, Ouganda, Kenya, Mozambique, Malawi, Zambie
PNB/habitant	930 $ (2014)
Ressources	coton, café, haricots, tabac, manioc, diamants

Histoire

L'un des plus beaux pays d'Afrique, la Tanzanie donne sur l'océan indien sur plus de 800 km.

En effet, la Tanzanie est un pays des extrêmes :
- Elle est bordée de 3 lacs d'exception : Victoria au nord, le plus grand du monde ; Tanganyika à l'ouest, le plus profond du continent et Malawi au sud, 3e lac africain par sa superficie.
- Elle contient l'un des cratères le plus profond du monde (2e)
- C'est sur son territoire que prend source le Nil, plus long fleuve du monde et le Congo, 2e fleuve du monde par son débit
- Elle abrite le toit de l'Afrique, le mont Kilimandjaro (5 895 m).
- Elle comprend les îles historiques sur l'océan indien : Zanzibar (plus grande île corallienne africaine) ; Pemba...
- Près de 25% de son territoire sont consacrés aux réserves naturelles (plus de 17 parcs nationaux et réserves couvrant 100 000 km²) : Serengeti, Manyara, Ruaba, Selous (la plus grande réserve du monde – 50 000 km²)... Le climat, très varié, a favorisé une flore et une faune très riches et variées.

La Tanzanie compte quelques 120 ethnies : les Sukumas (nord), les Chaggas (nord-est), les Massaïs, les Nyamwezis (centre), les Makondés (est), les Wahehes, les Indo-pakistanais...

Les bantous ont atteint la région nord de la Tanzanie au **début de notre ère**. La côte est visitée dès le **VIIIe siècle** par les arabes et les Perses qui fondent des comptoirs à Zanzibar où se développera le commerce d'esclaves des Africains (Zinj ou Azanie) entre les XVIIIe et XIXe s.

Les Allemands occupent la partie continentale en **1880** et les Anglais colonisent Zanzibar en **1890**, partage confirmé par le traité d'Héligoland de 1890. Le territoire continental devient britannique lors de la première guerre mondiale sous le nom de Tanganyika.

Après son indépendance (1961), un accord entre le Tanganyika et Zanzibar aboutit à la création de la Tanzanie actuelle en 1964.

Section 2 : Afrique de l'Ouest

Une multitude de communautés occupent le territoire ouest africain. Des traces d'occupation remontent au IIIe millénaire avant J-C.

Alors que certaines communautés ont progressé le long de la côte méditerranéenne jusqu'à atteindre l'actuel Mauritanie, poussées par l'avancée des Berbères, d'autres ont atteint l'ouest africain en contournant le désert par le sud. Elles se sont ainsi installées dans les régions de l'actuel Mali, Ghana ou Niger. Elles y fondèrent des royaumes qui ont marqué l'histoire de l'Afrique noire jusqu'à l'arrivée des colons européens au XVe siècle. L'empire du Ghana, fondé au Ve siècle après J-C ou celui du Mali en font partie.

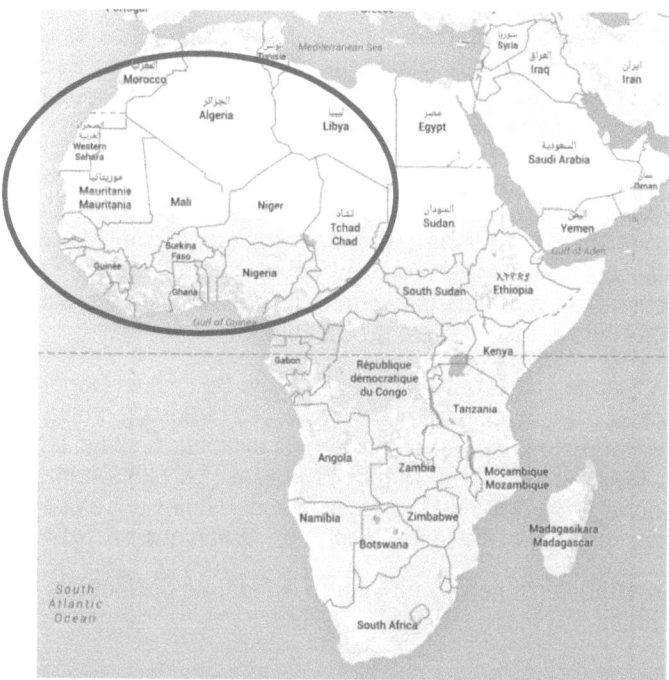

BENIN

Identité

Région	Afrique occidentale
Superficie	114 763 km^2
Population	10 800 000 (2014)
Capitale	Porto Novo (officielle), Cotonou (économique)
Principales villes	Djougou, Parakou, Abomey, Natitingou…
Langues	*Français*, Fon-gbe, Yoruba, Bariba…
Climat	Tropical. Températures de l'année : 23-28°C à Cotonou.
Monnaie	Franc CFA (XOF)
Pays voisins	Togo, Burkina Faso, Niger, Nigeria
PNB/habitant	810 $ (2014)
Ressources	manioc, café, coton, arachides, bois…

Histoire

Le Bénin, situé sur le Golfe de Guinée, est un pays splendide et assez contrasté. Le nord est couvert des forêts tropicales. Le centre, avec ses plateaux bien arrosés, est propice à diverses cultures vivrières. Le sud, avec ses belles plages, attire de plus en plus de touristes. Ce contraste se remarque aussi par son climat qui va du tropical au sahélien au nord au climat équatorial au sud.

Plusieurs communautés y cohabitent : les Baribas et les Sombas au nord, les Fon, les Adja et les Yoruba au sud. Les Peuls, quant à eux, parcourent tout le pays avec leurs bovins. A ceux-là, il faudra ajouter d'autres communautés moins nombreuses.

Le Bénin, qui s'appelait Dahomey jusqu'en 1975, a hérité de la culture du Royaume de Dahomey (Abomey puis Dan-Homey) fondé au **XVIIe siècle** par le roi Houegbadja un descendant des Adja qui quittèrent le Togo au début du **XVIe siècle**. Ce royaume devint puissant dans la région du Golfe de Guinée grâce à la traite des Noirs par le roi Glélé du Dahomey.

La France acquit peu à peu le territoire de l'actuel Bénin en signant des accords avec différents rois de ces régions (comme avec le roi de Porto-Novo en 1851) mais aussi avec les Anglais, les Portugais et les Allemands des territoires voisins. Le roi Béhanzin – prince Kondo – de Dahomey (successeur de Glélé) qui s'était opposé à l'occupation française fut déporté en Martinique en 1894.

En **1899**, le Dahomey fut intégré à l'Afrique occidentale Française. Il obtint son indépendance en 1960.

BURKINA

Identité

Région	Afrique occidentale
Superficie	274 200 km^2
Population	17 600 000 (2014)
Capitale	Ouagadougou
Principales villes	Bobo Dioulasso, Koudougou, Ouahigouya, Banfora…
Langues	*Français*, Mossi, Dagaari, Dyula, Lobi, Marka, Bobo…
Climat	Tropical. Températures de l'année : 15-40°C à Ouagadougou
Monnaie	Franc CFA (XOF)
Pays voisins	Cote d'Ivoire, Mali, Niger, Benin, Togo, Ghana
PNB/habitant	710 $ (2014)
Ressources	maïs, arachides, coton, riz, or…

Histoire

Burkina Faso qui signifie « Pays des hommes intègres » était depuis 1984 le nom de l'ancienne Haute-Volta. Aujourd'hui, il s'appelle Burkina.

Ce pays enclavé de l'Afrique de l'ouest est marqué par un climat rude qui affecte son économie. Mais le sud, bien arrosé renferme une faune riche et variée : hippopotame, lion, éléphant…

Le Burkina est habité depuis plusieurs siècles, probablement avant le **1er millénaire avant J-C**. On pense que les premiers habitants furent les Lobi, les Sénoufo et les Gourounsis. Mais les Mossi – arrivés vers le **Xe siècle** – constituent aujourd'hui la majorité de la population. Ils se sont faits remarquer vers le XVe siècle à l'apogée de leur royaume qui occupait le territoire de l'actuel ville Ouagadougou. D'autres communautés vivent au Burkina, presqu'aussi anciens les unes que les autres : les Bobos, les Gourmantchés, les Peuls, le Touareg, les Mandé.

En **1896**, les Français établirent un protectorat sur le royaume mossi d'Ouagadougou et d'autres territoires qui craignaient les invasions musulmanes.

Le Burkina fit partie de l'Empire colonial français jusqu'à 1919 quand fut créée la colonie de Haute-Volta. Il acquit une autonomie en 1958 avant l'indépendance en 1960.

CAMEROUN

Identité

Région	Afrique centrale
Superficie	475 439 km²
Population	22 600 000 (2014)
Capitale	Yaoundé
Principales villes	Douala, Nkongsamba, Maroua, Bafoussam, Kumba, Foumban…
Langues	*Français*, <u>Anglais</u>, Beti, Peul, Bamileke, Ghomala, Basaa, Bamun, Bulu…
Climat	Tropical. Températures de l'année : 18-30°C à Yaoundé
Monnaie	Franc CFA (XAF)
Pays voisins	Nigeria, Tchad, Centrafrique, Congo, Gabon, Guinée équatoriale
PNB/habitant	1 360 $ (2014)
Ressources	maïs, banane, coton, cacao, bétail, bois, pétrole, gaz…

Histoire

« Rio dos Camaroës » (rivière des crevettes) tel fut le nom donné à l'estuaire de la Sanaga par Fernando Poo, navigateur portugais qui y arriva en **1472**. De là vient le nom Kamerun puis Cameroun.

Le Cameroun est un pays aux multiples climats. Le nord, couvert des steppes, connaît un climat sahélien. Le centre est couvert des savanes et connaît un climat tropical. Le sud, très humide, est couvert d'épaisses forêts tropicales. Cette diversité explique la richesse de sa faune et de sa flore.

Plusieurs communautés se côtoient dans ce territoire : les pygmées dans les forêts du sud, les Bamileke, principale communauté du sud étant des commerçants dynamiques, les Kirdis, les Falis et les Peuls au nord.

On pense que ce territoire fut occupé par les bantous dès le **1er millénaire avant J-C**. Il est question des royaumes des Tikars, des Bamoun ou des Bamileke.

C'est vers le **17e siècle** que les Européens établirent des comptoirs commerciaux d'où partaient entre autres les esclaves. A cette époque existaient les royaumes des Doualas au sud, plusieurs royaumes des Peuls au nord (avant l'extension de l'empire de Sokoto dirigé par Ousman dan Fodio) et le royaume

Bamoun vers le sud (à Foumban) très connu pour son 16è roi Njoya intronisé en 1895.

Le Cameroun devint un protectorat allemand en **1884** après la signature par Gustav Nachtigal de plusieurs traités avec les chefs doualas. Il fut partagé entre la France (4/5) et l'Angleterre (1/5) en 1919 à la fin de la première guerre mondiale.

Le Cameroun accéda à son indépendance en 1960.

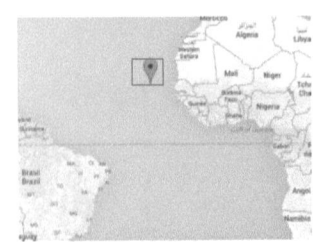

CAP-VERT

Identité

Région	Océan Atlantique (ouest de l'Afrique)
Superficie	4 033 km^2
Population	545 000 (2014)
Capitale	Praia
Principales villes	Mindelo, Ribeira Grande, Sal, Santa Maria
Langues	*Portugais*, créole
Climat	Tropical aride. Températures de l'année : 20-30°C à Praia
Monnaie	Escudo du Cap Vert (CVE)
Pays voisins	- (îles)
PNB/habitant	3 450 $ (2014)
Ressources	bananes, canne à sucre, sel, roches, poisson

Histoire

Cet archipel situé à plus de 645 km des côtes africaines (Afrique occidentale) est constitué de dix îles et cinq îlots. De climat sahélien, ses terres sont pauvres et sujettes à la sécheresse.

Le Cap Vert se distingue des autres nations colonisées par la richesse de sa culture. Il a produit des écrivains de renommée et des artistes de renom qui ont su exporter leur forme musicale, comme la morna.

Ces îles étaient inhabitées quand débarquèrent les Portugais en **1456**. En 1460, Diogo Gomes en prit possession pour le compte du Portugal et furent colonisées deux ans plus tard.

Le Cap Vert devint un centre important de traite des Noirs, une escale des bateaux en partance vers l'Amérique du Sud.

Sa population est composée en majorité des descendants d'esclaves d'Afrique et des métis.

Il devint indépendant en 1975.

COTE D'IVOIRE

Identité

Région	Afrique de l'ouest
Superficie	322 462 km²
Population	22 600 000 (2014)
Capitale	Yamoussoukro
Principales villes	Abidjan, Bouaké, Daloa, Man, Korhogo, Gagnoa
Langues	*Français*, Baoule, Malinke-dioula, Bete, Guere…
Climat	Tropical (tropical aride). Températures de l'année : 22-32°C à Abidjan
Monnaie	Franc CFA (XOF)
Pays voisins	Liberia, Guinée, Mali, Burkina Faso, Ghana
PNB/habitant	1 460 $ (2014)
Ressources	cacao, café, bois, fruits, coton, diamant, pétrole…

Histoire

Parce que ce pays a principalement servi au commerce des esclaves et de l'ivoire, les Européens lui ont donné son nom. La Côte d'Ivoire est en grande partie couverte par la forêt.

Le territoire de la Côte d'Ivoire est habité depuis au moins le **deuxième millénaire avant J-C**. Parmi les populations les plus anciennement établies dans ces territoires on peut noter les Lobis et les Sénoufos arrivés vers le **XIe siècle**. Les Baoulés, du peuple ankas, s'y établirent au XVIIIe siècle.

Les Portugais atteignent les côtes de la Côte d'Ivoire au **XVe siècle** où ils pratiquent la Traite des esclaves jusqu'au XIXe siècle. Les Français y arrivent au XVIIIe siècle. C'est en 1904 que la Côte d'Ivoire devient une colonie française.

Quelques 80 communautés ethniques vivent en Côte d'Ivoire. Parmi les plus importantes citons les Baoulés, les Bété, les Malinkés, les Lobi, les Sénoufos, les Gouro, les Dan…

La Côte d'Ivoire accède à son indépendance en 1960.

GAMBIE

Identité

Région	Afrique occidentale
Superficie	11 295 km²
Population	1 990 000 (2014)
Capitale	Banjul
Principales villes	Serrekunda, Bakau, Brikama, Farafenni, Kuntaur, Sukuta
Langues	*Anglais*, Mandinka, Peul, Wolof, Tukolor
Climat	Tropical. Températures de l'année : 15-32°C à Banjul
Monnaie	Dalasi (GMD)
Pays voisins	Sénégal
PNB/habitant	440 $ (2014)
Ressources	arachides, manioc, bois, bétail, poisson...

Histoire

Pays très effilé débouchant sur l'océan Atlantique – 50 km maximum de large sur 320 km tout au long du fleuve Gambie, la Gambie est entourée du Sénégal.

Sa population est composée des Mandingues ou Malinké (40%), des Peuls (20%), des Wolofs (15%) des Soninkés (10%), des Dyulas (10%), des Aku – descendants d'esclaves affranchis, des Sarakolés...

A l'arrivée des Portugais, au **XVe siècle**, ce territoire est sous le contrôle de l'empire du Mali avec qui ils négocient. Ils établissent des comptoirs commerciaux tout au long du fleuve en 1455 pour le commerce de l'or, de l'ivoire mais aussi des esclaves.

Les Français et les Anglais s'y installent respectivement en 1670 et en 1651. Le traité de Versailles (1783) confie la Gambie à l'Angleterre puis elle devint protectorat britannique en 1894.

Elle accède à l'indépendance en 1965.

GHANA

Identité

Région	Afrique occidentale
Superficie	238 500 km^2
Population	27 400 000 (2014)
Capitale	Accra
Principales villes	Kumasi, Tamale, Tema, Secondi, Cape Coast, Sunyani, Ho
Langues	*Anglais*, Akan, Ewe, Dagbanli, Adangme, Dagaare-wali, Ga
Climat	Tropical. Températures de l'année : 22-30°C à Accra.
Monnaie	Cedi (GHC)
Pays voisins	Cote d'Ivoire, Burkina Faso, Togo
PNB/habitant	1 600 $ (2014)
Ressources	bananes, café, bois, cacao, or, diamant, manganèse, bauxite…

Histoire

Anciennement Côte-de-l'or (nom donné par les explorateurs européens), le Ghana est le premier pays de l'Afrique noire à accéder à l'indépendance, c'était en 1957. Son nom actuel (choisi à l'indépendance) vient de l'empire de Ghana, le premier empire noir connu.

Avec un climat variant entre le tropical au nord et l'équatorial au sud, ses belles plages de sable blanc bordées de cocotiers, le Ghana est l'un des plus beaux pays du Golfe de Guinée.

Plus de 50 groupes ethniques se partagent ce territoire. Parmi les plus importants, citons les Akans (Fantes, Achantis) au sud, les Nzimas, les Gas et les Ahantas au sud-ouest, les Mamprusis, les Dagombas… au nord, les Ewes à l'est, etc. Les Akans furent les premiers à entrer en contact avec les Européens et à avoir pris une part importante au commerce de l'or et des esclaves.

L'empire du Ghana (**V^e - XIIIe S.**) a exercé une grande influence sur toute la région du Golfe de Guinée. D'autres royaumes ont vu le jour dans le territoire du Ghana actuel entre le XIIIe et le XVe S. : Dagomba et Mamprusi au nord, Asante et Fanti au sud.

Ce sont les Portugais qui arrivent en premier et créent un premier comptoir en **1481**. Au plus fort de la Traite des esclaves, au XVIIIe

siècle, plus d'une trentaine de comptoirs y sont répertoriés ce qui a renforcé le pouvoir du royaume des Ashantis installés au sud.

C'est en 1874 que ce territoire devint britannique après qu'ils aient peu à peu supplanté les autres européens pour le contrôle du commerce de l'or et des esclaves. C'est en 1901 et en 1922 que sont décidées les frontières actuelles.

GUINEE BISSAU

Identité

Région	Afrique occidentale
Superficie	36 250 km²
Population	1 844 000 (2014)
Capitale	Bissau
Principales villes	Bafatá, Gabu, Mansôa, Catió, Canchungo, Farim
Langues	*Portugais*, créole, Balanta, Peul, Mandyak, Mandinka, Papel
Climat	Tropical. Températures de l'année : 24-27°C à Bissau
Monnaie	Franc CFA (XAF)
Pays voisins	Sénégal, Guinée
PNB/habitant	550 $ (2014)
Ressources	noix de coco, arachides, bois, poisson…

Histoire

Anciennement Guinée portugaise, la Guinée Bissau fait partie des plus petits états de l'Afrique. Elle est constituée de plusieurs îles (1/3 de son territoire).

Parmi sa population, on compte les Peuls (23%), les Malinkés (12%) et les Nalus à l'est, les Balantes et les Mandjakes au nord.

C'est en **1446** que Nuno Tristao, un Portugais arriva sur ce territoire. Ce dernier fut intégré administrativement à l'archipel de Cap-Vert. On pense que la communauté la plus ancienne de ces territoires soit les Balantes qui s'y trouvent déjà au **XIIe siècle**.

C'est en 1974 que la Guinée Bissau accède à l'indépendance.

GUINEE EQUATORIALE

Identité

Région	Afrique centrale
Superficie	28 051 km^2
Population	810 000 (2014)
Capitale	Malabo
Principales villes	Bata, Luba, Mbini, Evinayong, Ebebiyin, Mongono
Langues	*Espagnol*, Pidjin, Fang, Krio, Bubi
Climat	Tropical humide. Températures de l'année : 20-30°C à Malabo
Monnaie	Franc CFA (XAF)
Pays voisins	Cameroun, Gabon
PNB/habitant	12 640 $ (2014)
Ressources	manioc, banane, café, cacao, bois,

Histoire

La Guinée Equatoriale est composée d'une partie continentale (le Mbini, ex Rio Muni) et d'une parte insulaire, l'île de Bioko (ex Fernando Poo) où se situe la capitale. Elle comprend également quelques îlots.

Sa population est composée des Bubis (30%) sur l'île Bioko, des Fangs (venus du Gabon) sur le continent ainsi que des Ibos (venus du Nigéria) et des métis (ou Fernandinos).

Habités depuis très longtemps, l'île fut accostée en **1472** par Fernando Poo, un navigateur portugais. Les Portugais la cédèrent aux Espagnols en 1775.

C'est en 1968 que la Guinée Equatoriale accède à l'indépendance.

GUINEE

Identité

Région	Afrique occidentale
Superficie	245 860 km²
Population	12 300 000 (2014)
Capitale	Conakry
Principales villes	Kankan, Labé, Nzérékoré
Langues	_Français_, Peul, Dioula, Malinké, Fulani, Susu, Kissi, Kpelle, Toma
Climat	Tropical. Températures de l'année : 20-30°C à Conakry
Monnaie	Franc guinéen (GNF)
Pays voisins	Guinée Bissau, Sénégal, Mali, Cote d'Ivoire, Liberia, Sierra Leone
PNB/habitant	470 $ (2014)
Ressources	maïs, banane, riz, fer, or, diamant...

Histoire

Souvent appelé la Guinée Conakry ou Guinée de Sékou Touré, la Guinée est l'un des plus beaux pays d'Afrique. Sur son territoire naissent deux fleuves importants de l'ouest africain : le Sénégal et le Niger.

Sa topographie est très diversifiée : plaine côtière, plateau à l'intérieur, massifs montagneux Fouta-Djalon et Nimba. Elle influence grandement son climat qui passe du climat tropical humide au climat équatorial. Ses forêts tropicales abritent une grande variété d'animaux sauvages : léopards, hippopotames...

Quatre grandes communautés se partagent ce territoire : le Mandingues (Malinké) majoritaire (35%) au centre, les Peuls (30%), les Soussous (15%) sur la côte ainsi que d'autres qui occupent les forêts du sud-est.

La Guinée était le territoire de grands empires africains et, à la croisée de grandes routes commerciales entre le nord et l'Afrique subsaharienne, elle a attiré un grand nombre de peuples : les Sarakolés de l'empire du Ghana arrivés au **Xe siècle** ou les Malinkés de l'empire du Mali au **XIVe siècle**.

Dès le **VIIIe siècle**, d'autres empires ont marqué l'histoire de ce pays : les Nalous, les Bagas, les Jalonkés (XIe S.), les Peuls (XVIe

S.). La capitale de l'empire du Mali de Soundiata Keita, Niani, se trouvait sur le territoire de l'actuel Guinée.

Les premiers Européens se limitèrent sur la côte pour le commerce des épices et des esclaves. C'est vers la fin du XIXe S. que les Français tentèrent de pénétrer à l'intérieur du pays rencontrant l'opposition farouche du chef Malinké Samory Touré qui contrôlait ce territoire vers 1880.

La Guinée devient une colonie française en **1898** et devient indépendante en 1958.

LIBERIA

Identité

Région	Afrique occidentale
Superficie	99 067 km²
Population	3 334 587 (2009)
Capitale	Monrovia
Principales villes	Harbel, Buchanan, Harper, Tubmanburg
Langues	_Anglais_, Kpelle, Bassa, Grebo-krahn, Klao, Loma, Dan, Mano, Gola
Climat	Tropical. Températures de l'année : -
Monnaie	Dollar libérien (LRD)
Pays voisins	Sierra Leone, Guinée, Côte d'Ivoire
PNB/habitant	370 $ (2014)
Ressources	cacao, café, caoutchouc, fer, or, diamant

Histoire

Premier état indépendant de l'Afrique (en **1847**), le Liberia a été créé pour les esclaves libérés, revenus d'Amérique. C'est le seul état non colonisé d'Afrique. Ces esclaves libérés accèdent au pouvoir politique et dominent les populations locales.

Sa population est composée des descendants d'esclaves libérés ou Américano-Libériens, des Libanais et d'une vingtaine de communautés dont les Krous, les Vais, les Mendés...

On pense que les Krous sont les plus anciens peuples de ce territoire, suivis des Mandés. Les Portugais arrivent sur ces côtes en **1461** et développent la Traite des esclaves entre le XVIIᵉ et le XIXᵉ s.

C'est en **1821** que des sociétés américaines bâtirent la ville de Monrovia pour y installer les premiers esclaves libérés. Les frontières actuelles sont fixées en 1911 en accord entre les Etats-Unis, la France et l'Angleterre.

MALI

Identité

Région	Afrique occidentale
Superficie	1 240 192 km^2
Population	17 600 000 (2014)
Capitale	Bamako
Principales villes	Ségou, Mopti, Sikasso, Kayes, Gao, Tombouctou
Langues	*Français*, Bambara, Peul, Malinké, Sarakole, Senoufo, Songhai, Dogon
Climat	Tropical sec. Températures de l'année : 15-40°C à Bamako
Monnaie	Franc CFA (XOF)
Pays voisins	Sénégal, Mauritanie, Algérie, Niger, Burkina Faso, Côte d'Ivoire, Guinée
PNB/habitant	660 $ (2014)
Ressources	maïs, riz, coton arachides, poisson, or

Histoire

En contact direct avec les pays méditerranéens, le Mali a marqué l'histoire de l'Afrique subsaharienne. Le nord du Mali fait partie du désert de Sahara au climat extrêmement aride et sec.

Les Mandingues, issus de l'empire du Mali, sont majoritaires (40% de la population) et sont composés principalement des Bambara. On retrouve également les Songaï à l'est, les Soninké à l'ouest, les Sénoufo au sud-est, les Dogon au nord-est, les Peuls, les Maures, les Touaregs...

Les traces d'occupation du territoire du Mali actuel, remontent à plusieurs **millénaires av J-C**. Ces territoires sont occupés au IIIe millénaire lors des migrations des populations vers le sud plus clément.

Vers le **V^e s ap J-C**, les Soninkés fondent l'empire du Ghana qui connaît son essor avec le commerce de l'or et du sel. Cet empire connaît son déclin au **XIe s** avec l'arrivée des Berbères. Entre le XIIIe et le XIVe s., les Bambara de l'empire du Mali dominent la région et exploitent largement l'or. C'est à cette époque que Tombouctou connaît son essor et devient un centre du commerce de la région. D'autres royaumes virent le jour entre temps. La chute de cet empire intervient lorsque les Marocains envahissent cette région en **1591** et prennent Tombouctou l'année suivante.

Les Français arrivent dans la région vers la fin du **XIXe s**. En 1898, le Mali, en compagnie d'autres pays de la région, fait partie de l'Afrique-Occidentale française.

La Mali accède à son indépendance en 1960.

MAURITANIE

Identité

Région	Afrique occidentale
Superficie	1 031 000 km^2
Population	3 500 000 (2014)
Capitale	Nouakchott
Principales villes	Nouadhibou, Kaédi, Zouerate, Rosso, Atar, Kiffa, Sélibaby, Néma
Langues	*Arabe*, Français, wolof, Tukolor
Climat	Tropical sec. Températures de l'année : 13-34°C à Nouakchott.
Monnaie	Ouguiya (MRO)
Pays voisins	Sahara occidental, Algérie, Mali, Sénégal
PNB/habitant	1 270 $ (2014)
Ressources	sorgho, dattes, poisson, fer, cuivre

Histoire

Pays des Maures, la Mauritanie est le seul pays du Sahara où le pouvoir est détenu par le même peuple – les Maures – depuis plus d'un millénaire. La Mauritanie est très peu peuplé pour un territoire 2 fois celui de la France. Le climat très sec a été à l'origine des famines qui ont ravagé ce pays. Terre des rencontres, elle a été pendant longtemps un passage commercial entre le Maghreb et le « Pays des Noirs » appelé Bilad-el-Soudan.

Sa population est composée d'arabes, de métis et des noirs (Peuls, Soninkés, Wolofs…).

Des traces de peuplement montrent que ce territoire fut habité dès le **IIe millénaire avant J-C** par des peuples noirs. Un millénaire plus tard arrivèrent les Berbères qui assujettirent les Noirs. Ils furent eux-mêmes assujettis par les Arabes plus tard.

Le commerce d'or, mais aussi d'esclaves noirs, se fait déjà dès le 1er millénaire de notre ère entre l'Afrique du Nord et l'empire du Ghana. La Mauritanie est islamisée dès le début du second millénaire.

Les français arrivent en Mauritanie au milieu du **XIXe s**. Elle devient une colonie française en 1820. Elle accède à son indépendance en 1960.

NIGER

Identité

Région	Afrique occidentale
Superficie	1 267 000 km²
Population	19 899 000 (2014)
Capitale	Niamey
Principales villes	Zinder, Maradi, Tahoua, Birni n'Konni, Agadez, Filigué, Dosso
Langues	*Français*, Haoussa, songhaï, Dyerna, Peul, Tamachek, Kanuri
Climat	Tropical (chaud et sec). Températures de l'année : 14-41°C à Niamey
Monnaie	Franc CFA (XOF)
Pays voisins	Burkina Faso, Mali, Algérie, Libye, Tchad, Nigeria, Bénin
PNB/habitant	420 $ (2014)
Ressources	mil, arachide, coton, riz, uranium, étain, phosphate

Histoire

Une grande partie du territoire du Niger se situe dans le désert de Sahara où habitent les nomades Touaregs. Au sud-est vivent les Haoussas qui constituent la plus grande communauté (+50%) ; au sud-ouest les Songhaïs (25%), les Peuls ; dans le sud les Béribéri, les Kanouris et vers l'est les Toubous.

On a découvert des traces de vie dès le **XXe s. avant J-C**. L'histoire du Niger est marquée par la domination de grands empires africains : Mali, Songhai (à l'ouest), Kenem-Bornou (à l'est), les états Haoussa (au sud)...

Les Haoussas arrivent à partir du **Xe s.** et les Touaregs vers le **XIe s**.

Le premier européen à atteindre ce territoire fut l'écossais Mungo Park en **1795**. Les Français arrivent vers **1890** et le Niger devint une colonie française en 1921. Il devint même un territoire d'outre-mer en 1946 avant d'accéder à son indépendance en 1960.

NIGERIA

Identité

Région	Afrique occidentale
Superficie	923 768 km²
Population	182 200 000 (2014)
Capitale	Abuja
Principales villes	Lagos, Ibadan, Ogbomosho, Kano, Oshogbo, Ilorin, Port Harcourt, Abeokuta, Zaria, Ilesha, Onitsha, Iwo, Ado Ekiti, Kaduna, Enugu, Aba, Benin City, Sokoto, Calabar
Langues	*Anglais*, haoussa, Ibo, Yorouba, Peul, Ibibio-efik, Kanuri
Climat	Tropical. Températures de l'année : 23-32°C
Monnaie	Naira (NGN)
Pays voisins	Bénin, Niger, Tchad, Cameroun
PNB/habitant	2 970 $ (2014)
Ressources	coton, cacao, manioc, riz, bois, pétrole, gaz, fer, charbon…

Histoire

Le Nigeria est le pays le plus peuplé d'Afrique et le plus grand de l'Afrique de l'ouest.

Il est composé de plus de 250 ethnies ce qui explique en partie les conflits qui y ont vu le jour. Parmi les principales ethnies, retenons les Haoussas, les Foulanis ou Peuls au nord, les Yoroubas au sud-ouest et les Ibos au sud-est. Plus de 350 langues sont parlées au Nigeria.

Le Nigeria regroupe différents climats du sud vers le nord : équatorial, tropical et désertique.

Vers **600 av J-C** est née la civilisation Nok (dans le centre du pays sur le plateau de Jos) réputée pour leur sculpture en terre cuite. Plusieurs autres royaumes ont occupé ce territoire. Tous ces royaumes ont commercé avec ceux de toute la région jusqu'au-delà du Sahara.

Entre le XIe et le XVIIIe s., les Yorubas ont dominé le sud-ouest. A partir du **VIIIe s.**, les Haoussas dominent le nord. A partir du **XIVe s.**, les Etats Haoussas furent envahis par les empires voisins de Kanem-Bornou (région du lac Tchad au nord-est), du Mali ainsi que l'empire Songaï (au nord-ouest).

C'est au **XVIe s**. que les Européens entrent en contact avec l'empire du Mali qui contrôle la région. Ils pratiquent particulièrement le commerce des esclaves. Après son interdiction en 1807, d'autres produits ont suivi.

En **1893**, le Nigeria devient un protectorat britannique sous le nom de Niger Coast Protectorate.

Après la première guerre mondiale, une partie du Cameroun (alors sous l'administration allemande) est annexée au Nigeria.

Le Nigeria accède à l'indépendance en 1960.

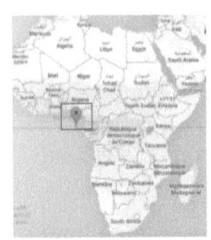

SAO TOME ET PRINCIPE

Identité

Région	Atlantique (Afrique occidentale)
Superficie	1 001 km^2
Population	194 000 (2014)
Capitale	São Tomé
Principales villes	Santo António, Porto Alegre
Langues	*Portugais*, Créole, Fang
Climat	Tropical humide. Températures de l'année : 20-30°C à São Tomé
Monnaie	Dobra (STD)
Pays voisins	- (île)
PNB/habitant	1 670 $ (2014)
Ressources	cacao, noix de coco, noix de palme, bois…

Histoire

Archipel situé à 200 km des côtes africaines dans le Golfe de Guinée, Sao-Tomé-et-Principe est le plus petit état africain après les Seychelles. Il comprend deux îles principales et de nombreux îlots.

Il est inhabité lors de sa découverte par les explorateurs portugais en **1471** le jour de la Saint-Thomas (d'où Sao Tomé). Ils s'y installent en 1740. Ils y emmènent des esclaves africains pour la culture de la canne à sucre.

Il accède à son indépendance en 1975.

SENEGAL

Identité

Région	Afrique occidentale
Superficie	196 192 km^2
Population	15 130 000 (2014)
Capitale	Dakar
Principales villes	Thiès, Kaolack, Ziguinchor, Saint Louis, Diourbel
Langues	_Français_, Wolof, Mandé, Peul, Sérère, Tukolor, Mandinka, Dyola
Climat	Tropical. Températures de l'année : 18-32°C à Dakar
Monnaie	Franc CFA (XOF)
Pays voisins	Mauritanie, Mali, Guinée, Guinée Bissau, Gambie
PNB/habitant	1 040 $ (2014)
Ressources	arachides, bois, poisson, fer

Histoire

Plus connu pour son grand poète, l'un des plus grands poètes africains, Léopold Sédar Senghor, le Sénégal est un pays qui a marqué la culture africaine, particulièrement la littérature. Cela peut peut-être s'expliquer par le fait que la citoyenneté française était accordée aux sénégalais dès 1916. Ils pouvaient ainsi siéger au parlement français.

Plusieurs communautés habitent le Sénégal : au centre, les Wolofs (1/3) ; à l'ouest, les Sérères (20%) ; les Peuls dans le nord (15%) ; les Toucouleurs à l'est ; les Diolas dans la Casamance et dans le sud-est, les Bambara, les Soninkés et les Malinkés…

Le territoire du Sénégal était déjà habité **avant notre ère**. De son histoire récente, on peut noter la formation des premiers royaumes au cours du VIIe s. de notre ère, comme le royaume de Djolof. Au XVe s. d'autres royaumes voient le jour : Walo, Cayor, Siné-Saloum. Les Toucouleurs arrivent vers le IXe s. puis entre le XIe et le XIVe s., c'est le royaume de Tekrour qui domine ce territoire.

En **1444**, les Portugais atteignent les côtes sénégalaises et font du commerce avec les populations locales. Les Français, les Hollandais, les Anglais arrivent au XVIIe s. avant que la France ne s'impose dans les années 1700. Pour mettre fin aux conflits entre la France et l'Angleterre, le congrès de Vienne de **1815** attribue ce territoire à la France qui le colonise en 1895. Dakar devient même la capitale de l'Afrique-occidentale française en 1902.

Le Sénégal accède à l'indépendance en 1960.

SIERRA LEONE

Identité

Région	Afrique occidentale
Superficie	71 740 km^2
Population	6 092 000 (2014)
Capitale	Freetown
Principales villes	Bo, Kenema, Makeni, Bonthe, Port Loko
Langues	*Anglais*, Krio (créole), Mendé, Temné, Limba, Kono, Kuranko
Climat	Tropical. Températures de l'année : 23-31°C à Freetown
Monnaie	Leone (SLL)
Pays voisins	Guinée, Liberia
PNB/habitant	710 $ (2014)
Ressources	riz, arachides, café, bauxite, diamant, fer, poisson

Histoire

En **1460**, à l'arrivée de l'explorateur portugais Pedro da Cintra, le territoire de la Sierra Leone était occupé par les Mandingues : les Mendés à l'est, les Temnés au sud et les Soussous au centre. Avant eux, y vivaient d'autres peuples : les Kissi, les Sherbros et Krims.

Pedro da Cintra donna le nom de Sierra Leone (Montagne du lion) à la presqu'île où sera bâtit plus tard Freetown à cause de la silhouette de la montagne qui donnait l'apparence du lion. Ce nom fut étendu à tout le pays en 1462. La Sierra Leone participe activement à la Traite des esclaves au XVI^è siècle.

En **1787**, les Anglais acquirent le territoire où est érigé Freetown pour y rapatrier les esclaves affranchis, qui se sont enfuis ou qui sont revenus après l'abolition de l'esclavage. Ceci explique le nom de la ville (Freetown = ville libre)

En **1808**, La Sierra Leone devint une colonie britannique. Elle acquit son indépendance en 1961.

Aujourd'hui, les Mendés et le Temnés représentent près de 55% de la population, le reste étant formé en grande partie des « freemen », les descendants des esclaves.

La Sierra Leone recèle des richesses naturelles diverses. Avec sa savane et la forêt qui recouvre une part importante du pays, sa flore et sa faune sont très diversifiées et riches. Son sous-sol également fourni de nombreuses ressources minérales comme le diamant (qui est une de ses grandes productions), l'or, le fer, le bauxite…

TCHAD

Identité

Région	Afrique occidentale
Superficie	1 284 000 km²
Population	14 037 000 (2014)
Capitale	N'Djamena
Principales villes	Sarh, Moundou, Abéché, Lai
Langues	*Français*, Arabe, haoussa, Ngambai
Climat	Tropical (tropical aride). Températures de l'année : 15-40°C à N'Djamena
Monnaie	Franc CFA (XAF)
Pays voisins	Niger, Libye, Soudan, Centrafrique, Cameroun, Nigeria
PNB/habitant	980 $ (2014)
Ressources	natron, kaolin, coton, sorgho, riz, manioc, bétail

Histoire

Pays enclavé, presque désertique et sans ressources, le Tchad est néanmoins le point de ralliement entre le monde arabe musulman et l'Afrique noire.

Plusieurs communautés vivent au Tchad comme les Peuls, des éleveurs ; les Toubous, des nomades ; les Saras, les Kirdis, les Hadjaris et les Haoussa.

Au début du **premier millénaire** les Saos, peuple noir, s'installèrent au bord du lac Tchad. Ils furent supplantés par le royaume de Kanem-Bornou vers le **XIe siècle**. Ce dernier connu son déclin en 1380 quand son roi fut contraint à l'exil par les Boulalas, des nomades venus de l'est. Le peuple noir fut l'objet d'un commerce d'esclave entre les royaumes de ces territoires et le monde arabe.

La France investi ces territoires au début du XXe siècle. En **1910**, le Tchad est rattaché à l'Afrique-Equatoriale française et accède à l'indépendance en 1960.

TOGO

Identité

Région	Afrique occidentale
Superficie	56 785 km^2
Population	7 500 000 (2014)
Capitale	Lomé
Principales villes	Sokodé, Palimé, Atakpamé, Bassari, Tsévié, Anécho, Mango, Bafilo, Tabligbo
Langues	_Français_, Ewe, Kabyé, Waci-gbe, Tem, Gen-gbe, Moba, Gourma
Climat	Tropical. Températures de l'année : 27°C à Lomé
Monnaie	Franc CFA (XOF)
Pays voisins	Ghana, Burkina Faso, Bénin
PNB/habitant	570 $ (2014)
Ressources	manioc, maïs, coton, café, cacao, élevage

Histoire

Pays très allongé du Golfe de Guinée, le Togo est un des pays pauvres composés d'agriculteurs et des pécheurs. Il fut occupé successivement par les Allemands, les Français puis les Anglais. Il accéda à son indépendance en 1960.

Plusieurs communautés (plus de 40) se partagent ce territoire dont les plus importantes sont les Ewés, les Ouatchi, les Adjas, les Pedas, les Guin, les Kabyés...

Le Togo a été beaucoup influencé par les royaumes du Bénin (Bariba), du Dahomey et du Ghana (Ashanti) qui y ont opéré des incursions.

Les Ewés ont connu leur expansion au **XVe siècle** à l'arrivée des Portugais. Durant les XVIIe et XVIIIe siècles, le Togo, comme la plupart des territoires de la région, devint une plaque tournante du commerce d'esclaves vers le nouveau monde.

En **1884**, le Togo devient un protectorat allemand après la signature d'un traité par Gustav Nachtigal avec les chefs locaux. Les Français et les Anglais se partagent ces territoires lors de la première guerre mondiale en 1914 : l'actuel Togo aux Français et la partie occidentale aux Anglais qui devint le Ghana actuel.

Section 3 : Afrique centrale

De nombreuses sources indiquent que les Pygmées furent les premiers occupants de ce territoire couvert en grande partie par la forêt équatoriale.

Les Bantous atteignent ce territoire au début de notre ère suivis, au cours des siècles, par d'autres communautés.

C'est à la fin au XIXe siècle que ce vaste territoire intérieur entra en contact avec des explorateurs européens.

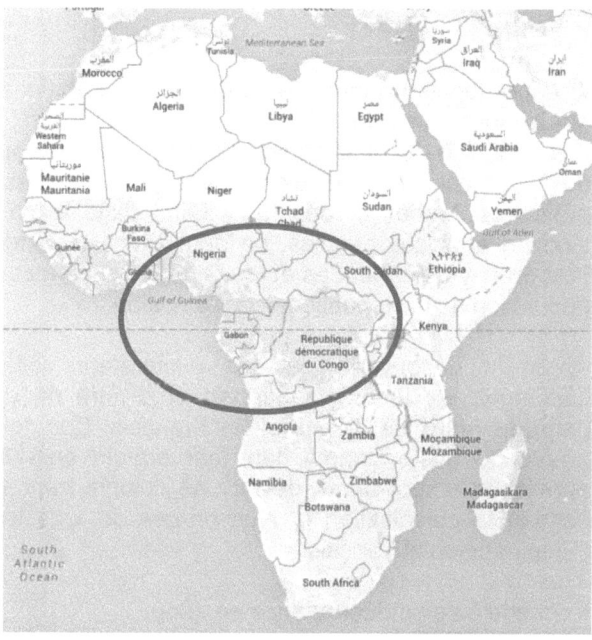

CENTRAFRIQUE

Identité

Région	Afrique centrale
Superficie	622 984 km²
Population	4 900 000 (2014)
Capitale	Bangui
Principales villes	Berbérati, Ndélé, Bambari, Bangassou, Mbaïki
Langues	*Français*, Banda, Sango…
Climat	Tropical. Températures de l'année : 20-35°C à Bangui
Monnaie	Franc CFA (XAF)
Pays voisins	Cameroun, Tchad, Soudan, Congo RDC, Congo
PNB/habitant	330 $ (2014)
Ressources	bananes, arachides, coton, café, bois, diamant, or…

Histoire

Occupé depuis de longues dates par les Babingas, les pygmées, qui sont les premiers habitants de ce territoire, la République centrafricaine est peuplée actuellement d'autres populations issues des migrations des peuples fuyant les chasseurs d'esclaves au profit des Arabes et des Européens dans le courant du XVIII^è siècle. Parmi ces peuples, on peut citer les Zande qui occupent l'est du pays, les Bandas et les Gbayas qui forment la moitié de la population de la République centrafricaine.

Après la découverte par les explorateurs belges du fleuve Oubangui, les territoires de part et d'autre de ce fleuve furent partagés entre les Belges et les Français. Ces derniers établirent un premier poste, Bangui, dans leur territoire en **1889**. Ce territoire, appelé Oubangui-Chari, devint une colonie française en **1905**. Il connaît la colonisation la plus brutale de tous les territoires de l'Empire colonial français.

Il accède à son indépendance en 1960.

CONGO (REP.)

Identité

Région	Afrique centrale
Superficie	342 000 km^2
Population	4 600 000 (2014)
Capitale	Brazzaville
Principales villes	Pointe Noire, Ouesso, Loubomo, Owando, Massendjo
Langues	_Français_, lingala, kikongo, sango, kiteke
Climat	Tropical. Températures de l'année : 17-35°C à Brazzaville
Monnaie	Franc CFA (XAF)
Pays voisins	Gabon, Cameroun, Centrafrique, Congo RDC, Angola
PNB/habitant	2 710 $ (2014)
Ressources	manioc, café, cacao, bois, pétrole, cuivre, or

Histoire

Un des pays de l'Afrique centrale, le Congo s'ouvre à la mer sur 169 km. Il est couvert, sur plus de la moitié de sa superficie, par la forêt équatoriale riche en ressources naturelles.

Ce pays, sous peuplé (13 habitant au km²), est occupé par quatre grands groupes ethniques : les Kongos dans le sud (45%), les Tékés au centre (20%), les Mboshis dans la forêt au nord (10%), les Sanghas au nord où habitent également une petite communauté de pygmées.

Plusieurs vestiges montrent que le territoire de l'actuel Congo est habité depuis plusieurs millénaires. Les pygmées furent parmi les premiers habitants et occupent actuellement la forêt. Les peuples bantous atteignirent ces territoires au **début de notre ère**. Parmi leurs descendants citons les Tékés, les Kongo, les Mboshis et les Kota.

A l'arrivée, en **1482**, de l'explorateur portugais Diego Cao, il existait deux grands royaumes à l'embouchure du fleuve Congo : le royaume Loanga au nord du fleuve et le royaume Kongo au sud.

Au cours du **XVIIIe siècle**, la traite des esclaves ainsi que d'autres conflits internes et externes affaiblirent ces deux royaumes au profit des mouvements religieux mystiques.

En **1880**, Savorgnan de Brazza, qui devance Stanley, signa un traité pour le compte de la France avec le roi téké Makoko faisant de ce territoire un territoire français. Les limites de ce territoire furent décidées en 1885 lors du congrès de Berlin. Il intégra l'Afrique-Equatoriale française en 1910. Plusieurs scandales consécutifs aux conditions coloniales furent mises au jour et favorisa les mouvements protestataires au début du XXe siècle.

Il accède à l'indépendance en 1960.

CONGO (RDC)

Identité

Région	Afrique centrale
Superficie	2 345 409 km^2
Population	77 267 000 (2014)
Capitale	Kinshasa
Principales villes	Lubumbashi, Mbuji Mayi, Kananga, Kisangani, Likasi, Bukavu, Kikwit, Matadi, Mbandaka
Langues	_Français_, Lingala, Kikongo, Tshiluba, Swahili…
Climat	Tropical et équatorial. Températures de l'année : 18-32°C à Kinshasa
Monnaie	Franc congolais (-)
Pays voisins	Congo, Centrafrique, Soudan, Ouganda, Rwanda, Burundi, Tanzanie, Zambie, Angola
PNB/habitant	380 $ (2014)
Ressources	café, cacao, caoutchouc, coton, bois, cuivre, diamant, or, pétrole…

Histoire

Qualifiée de « scandale géologique » pour la richesse de son sol et de son sous-sol, la République Démocratique du Congo (Congo RDC, ex Zaïre) est un pays des extrêmes. C'est le 2e plus grand pays d'Afrique après l'Algérie. Son fleuve est le 2e plus long fleuve d'Afrique après le Nil et le 2e du monde par son débit après l'Amazone. Compte tenu de son hydrographie, il contient l'un des plus grands potentiels hydroélectriques du monde.

Pays bien arrosé, car il occupe la quasi-totalité du bassin du fleuve Congo, il recèle une faune et une flore extrêmement riche. Les 2/3 de son territoire sont couverts par la forêt équatoriale dont une grande partie est très peu exploitée, voire inexplorée.

Sa population est composée de plus de 300 tribus (autant de langues et dialectes) : des bantous (Kongo, Luba, Lunda), des nilotiques (Tutsi, Alurs…), des soudanais (Azandés, Mangbetu…) et des pygmées. Ses premiers habitants sont les pygmées qui occupent la forêt au nord-est. Au **1er millénaire après J-C**, la côte ouest et l'est furent occupés par les bantous.

Les Européens entrent en contact avec le royaume Kongo en **1484** lorsque Diego Cao découvre l'embouchure du fleuve Congo. Ils s'y installent en **1490** et y pratiquent la Traite des esclaves jusqu'au

XIXᵉ s. Le royaume Kongo, fondé au XIVᵉ s, s'étendait du Gabon à l'Angola.

C'est après l'exploration du fleuve Congo (entre 1874 et 1877) par le Britannique Stanley que l'intérêt des Européens pour l'intérieur de cet immense pays devint ardent. En **1879**, Léopold II, roi des Belges, mandate Stanley pour une seconde mission avec un pouvoir de souveraineté sur les territoires découverts. C'est ainsi qu'une vaste partie se retrouva sous la domination belge confirmée par la conférence de Berlin en 1885 qui lui attribua également une bande de près de 40 km de large débouchant à la mer et partageant ainsi l'Angola en deux.

Ce n'est qu'en **1908** que le Congo devint une colonie belge car jusqu'alors il était la propriété du roi Léopold II. Le Congo RDC accède à l'indépendance en 1960. Il porte le nom de Congo jusqu'en 1971 où il devint Zaïre avant de redevenir Congo en 1987.

GABON

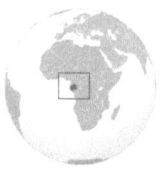

Identité

Région	Afrique centrale
Superficie	267 667 km^2
Population	1 756 000 (2014)
Capitale	Libreville
Principales villes	Port Gentil, Masuku, Lambarené, Mouila, Tchibanga, Oyem
Langues	*Français*, Fang, Lingala, Sira-punu, Mbere, Myene
Climat	Equatorial. Températures de l'année : 24-27°C à Libreville
Monnaie	Franc CFA (XAF)
Pays voisins	Guinée équatoriale, Cameroun, Congo
PNB/habitant	9 450 $ (2014)
Ressources	cacao, café, banane, bois, pétrole, uranium, fer, manganèse…

Histoire

Pays d'Afrique équatoriale, le Gabon est couvert sur quatre cinquièmes par la forêt tropicale. Pays bien arrosé, le Gabon connaît un climat équatorial. Sa forêt constitue l'une des sources de ses ressources naturelles. Son sous-sol est également très riche (dont le pétrole, première richesse du pays).

Le Gabon est peuplé depuis des **temps immémoriaux** et, bien que très peu peuplé, il y vit plus d'une quarantaine de communautés ethniques. Les plus importantes sont les Fang, au nord et constitue près du tiers de la population, les Mpogwés, les Myénés, les Oroungous, les Kotas, les Kwelés, les Tékés, les pygmées (qu'on pense être les premiers habitants de ce territoire)… On pense que toutes ces populations sont arrivées tardivement dans ce territoire, probablement vers le **XIIIe siècle** de notre ère et les Fangs vers le **XVIIIe siècle**.

C'est en **1472** que les Portugais arrivent sur le territoire de l'actuel Gabon qu'ils appelèrent Gabao. Ils furent suivis par les Français (qui furent les premiers à s'y installer de façon permanente), les Hollandais puis les Anglais.

Un comptoir français y fut installé en **1843** après des négociations avec les chefs locaux. En 1849 fut fondé la ville de Libreville pour accueillir les esclaves rescapés de la Traite. C'est de ce territoire que Savorgnan de Brazza partit en explorateur et atteint le fleuve Congo entre 1875 et 1885.

En 1910, le Gabon devint une colonie de l'Afrique-Equatoriale française. Il accède à son indépendance en 1960.

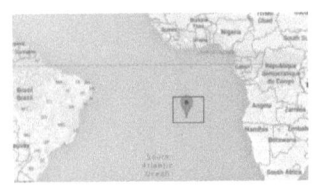

SAINTE HELENE

Identité

Région	Atlantique (Afrique centrale)
Superficie	122 km^2
Population	4 000 (2014)
Capitale	Jamestown (Territoire Britannique)
Principales villes	-
Langues	*Anglais*
Climat	Tropical. Températures de l'année : 21°C
Monnaie	Livre Sterling (GBP)
Pays voisins	- (île)
PNB/habitant	42 690 $ (GB, 2014)
Ressources	cultures, élevage

Histoire

Sainte-Hélène est une île volcanique située à environ 1930 km à l'ouest de l'Afrique dans l'océan Atlantique.

Elle fut découverte le **21 mai 1502** (jour de la Sainte Hélène) par João De Nova, navigateur portugais. A l'époque de sa découverte, elle était inhabitée. Elle fut habitée en permanence en **1659**.

Sainte Hélène est une colonie britannique dont dépendent les îles de l'Ascension et de Tristan Da Cunha.

Elle est devenue célèbre pour avoir servi d'exil forcé de Napoléon en 1815 jusqu'à sa mort en 1821.

Section 4 : Afrique australe et Océan Indien

Les premiers habitants de ces territoires sont les Bochimans arrivés au IIe millénaire avant J-C. Ils occupent principalement le désert du Kalahari.

Ils furent rejoints par les Hottentots puis par les Bantous des siècles plus tard. Les Européens arrivèrent à partir du XVe siècle.

Les îles de l'Océan Indien (Maurice, La Réunion ou les Comores) ne furent habitées que tardivement. Découvertes d'abord par les navigateurs arabes, elles furent colonisées par les Européens à la fin du XVe siècle.

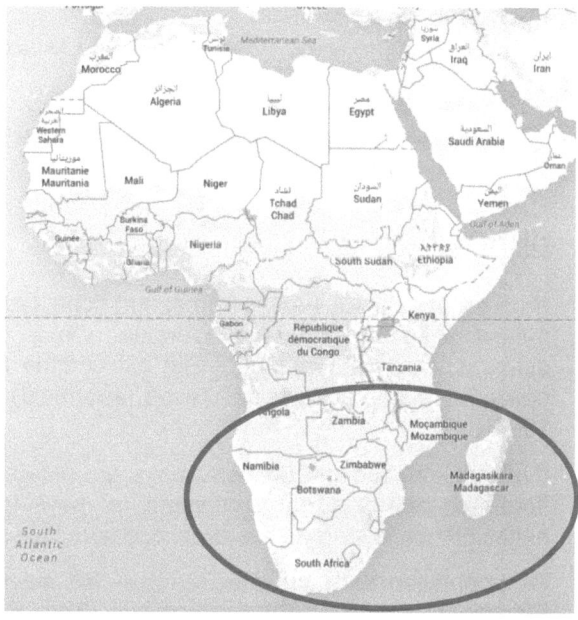

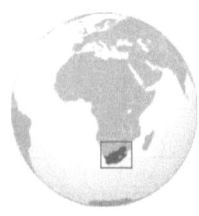

AFRIQUE DU SUD

Identité

Région	Afrique australe
Superficie	1 219 912 km^2
Population	54 500 000 (2014)
Capitale	Pretoria (administratif), Le Cap (législatif), Bloemfontein (judiciaire)
Principales villes	Le Cap, Johannesburg, Durban, Port Elizabeth …
Langues	<u>Anglais</u>, <u>Afrikaans</u>, Xhosa, Zoulou, Tswana, Swazi, Tsonga, Ndebele, Sotho, Venda
Climat	Tempéré. Températures de l'année : 10-27°C au Cap
Monnaie	Rand (SAR)
Pays voisins	Namibie, Botswana, Zimbabwe, Mozambique, Swaziland, Lesotho
PNB/habitant	6 800 $ (2014)
Ressources	bétail, poisson, or, fer, diamant, nickel…

Histoire

D'un sol et d'un sous-sol extrêmement riche, l'Afrique du Sud est la puissance économique de l'Afrique. On y trouve or, platine, diamant, chrome, uranium… Elle est connue également pour sa politique de ségrégation des races (apartheid) pratiquée jusqu'en **1994**.

L'Afrique du Sud est un beau pays qui recèle une faune et une flore très riches. C'est également un pays touristique avec de belles plages le long de ses deux océans.

Sa population est composée de groupes suivants : Noirs (75%), Blancs (13%), Métis (9%) et Indiens (3%). Parmi les Noirs, on distingue les Ndébélé, les Sothos, les Swazis, les Zoulous, les

Xhosa, les Tsongas, les Vendas, les Tswana... en plus des Hottentots et des Bochimans. Parmi les Blancs, il y a principalement les Hollandais, les Français, les Allemands et les Anglais.

Les premiers habitants de ce territoire sont les Bochimans qui y sont arrivés plus de **1500 ans av J-C** rejoints par les Hottentots vers le **Xe s. ap J-C** puis par les Bantous.

Les Européens atteignent l'Afrique du Sud vers la fin du **XVe s** quand Bortolomeu Dias dépassa le Cap de Bonne Espérance en **1488** puis Vasco de Gama quelques années plus tard. Ce sont néanmoins les Hollandais qui s'y établirent en premier et fondèrent en **1652** un comptoir commercial au Cap. Les Français s'y installent vers 1685.

Dans les années 1770, des affrontements opposent les colons à la recherche des terres vers le nord et les Bantous, particulièrement les zoulous dirigés par Chaka, qui continuent leur migration vers le sud.

Vers la fin du XVIIIe s, les Anglais occupent ce territoire. Durant tout le XIXe s, des guerres vont opposer les Anglais aux Hollandais pour le contrôle de la région mais aussi des richesses du sous-sol qui ne cessent d'être découvertes.

Aujourd'hui, après l'abolition de l'apartheid, l'Afrique du Sud est un état multiculturel où cohabitent toutes les populations qui s'y trouvent.

ANGOLA

Identité

Région	Afrique australe (sud-ouest)
Superficie	1 246 700 km² (1600 km des côtes)
Population	24 200 000 (2014)
Capitale	Luanda
Principales villes	Huambo, Lobito, Benguela, Huambo, Lubango, Lobito, Benguela, Malanje…
Langues	*Portugais*, Kikongo, Kimbundu, Ganguela, Kwanyama, Luvale, Nyaneka, Nyemba, Mbwela
Climat	Tropical (tropical humide). Températures de l'année : 18-30°C à Luanda
Monnaie	Kwanza (AON)
Pays voisins	Congo, Congo (RDC), Zambie, Namibie
PNB/habitant	4 850 $ (2014)
Ressources	maïs, huile de palme, café, bois, poisson, diamant, fer, pétrole…

Histoire

L'Angola est un pays riche en ressources minières. Il est couvert des forêts équatoriales au nord et de la savane au sud. Son climat est très variable selon les endroits : tropical au nord, tempéré au centre et désertique au sud à l'approche du désert du Namib.

Quatre grandes ethnies se partagent ce territoire (en plus d'une petite représentation de Bochimans au sud) : les Bakongo au nord-ouest (15%), le Kimbundu au centre et au nord (25%), les Ovimbundu au centre et au sud (35%) et les Lunda-Tchokwe à l'est.

Les Bantous investissent ce territoire au début de l'ère chrétienne repoussant par la même occasion les premiers habitants supposés de langue khoisane vers le sud. Progressivement, les Kongo occupent le nord et les Lunda et les Tchokwe l'est.

Les Portugais découvrent ce territoire vers **1480**. Leurs premiers contacts s'établirent avec le royaume Kongo (de part et d'autre du fleuve Kongo) dirigé par le roi Nzinga Nkuvu (Afonso). A sa mort en 1507, les Portugais administrent les pays sous le règne de son successeur, le roi Afonso Ier. Les Portugais contrôlent alors le commerce d'ivoire, de l'or, des esclaves... C'est ainsi que le roi Antonio fut assassiné en 1668 en voulant reprendre le contrôle de ce commerce précipitant ainsi la chute du royaume Kongo. Le pays est dépouillé de sa population car à la fin du XIXe siècle, on estime à plus de 3 millions d'esclaves sortis d'Angola.

Ce n'est qu'au début du XXe siècle que les Portugais s'intéressent à l'intérieur du pays et exploite ses ressources minières.

C'est en 1975 que l'Angola acquiert son indépendance après plusieurs années de troubles et de révolutions divers qui ne s'arrêtèrent pas après l'indépendance et qui retardèrent son développement économique.

BOTSWANA

Identité

Région	Afrique australe
Superficie	581 726 km²
Population	2 200 000 (2014)
Capitale	Gabarone
Principales villes	Francistown, Kanye, Lobatse, Serowe, Selebi-Pikwe…
Langues	*Anglais*, Tswana, Shona, Khoisan
Climat	Subtropical (sec). Températures de l'année : 5-30°C à Francistown
Monnaie	Pula (BWP)
Pays voisins	Namibie, Zambie, Zimbabwe, Afrique du sud
PNB/habitant	7 240 $ (2014)
Ressources	maïs, bovin, diamant, nickel, cuivre…

Histoire

Le Botswana ou littéralement « Pays des Tswanas » a porté le nom de Bochuanaland jusqu'à son indépendance en 1966.

Le Botswana est un pays recouvert en grande partie par le désert du Kalahari. C'est un pays où abondent des animaux sauvages comme les lions, les girafes, les léopards, les éléphants… Il a également un sous-sol très riche en diamant, cuivre, cobalt…

Ce territoire fut habité par les Boschimans qui s'y sont installés en premier avant notre ère. Au **XIXᵉ siècle**, suite à une migration des bantous, les Boschimans ont été repoussés vers le désert. C'est durant cette période qu'arriva David Livingstone dans le but d'évangéliser cette région.

En **1885**, les Anglais y établirent un protectorat à la demande des chefs locaux qui voulaient se protéger de l'invasion des Boers.

LESOTHO

Identité

Région	Afrique australe
Superficie	30 355 km²
Population	2 128 180(2009)
Capitale	Maseru
Principales villes	Teyateyaneng, Leribe, Mafeteng
Langues	Anglais, Sesotho, zoulou
Climat	Continetal. Températures de l'année : -3 - 33°C à Maseru
Monnaie	Loti (-)
Pays voisins	Afrique du Sud
PNB/habitant	1 340 $ (2014)
Ressources	Blé, maïs, diamant

Histoire

Le Lesotho est totalement enclavé dans l'Afrique du Sud. Sa population est composée à 80% des Sothos complétée par les Européens et les indiens.

Ce territoire fut habité par les Bochimans. Les Sothos se sont constitués en nation au début du XIXe siècle sous la conduite du roi Moshoeshoe Ier fuyant les Zoulous, les Ngounis et les Boers, les colons néerlandais.

Ils résistèrent à l'expansion des Boers à partir de 1838, sollicitèrent la protection britannique en 1868 et prirent le nom de Basutoland pour leur territoire. Il devint le Lesotho à l'accession à l'indépendance en 1966 sous la direction du roi Moshoeshoe II.

MADAGASCAR

Identité

Région	Océan indien (Afrique australe)
Superficie	587 041 km²
Population	24 900 000 (2014)
Capitale	Antananarivo (Tananarive)
Principales villes	Toamasina, Majunga, Fianarantsoa, Antsirabé, Toliara, Antsiranana
Langues	*Malgache*, Français
Climat	Tropical. Températures de l'année : 9-27°C à Antananarivo
Monnaie	Franc malgache (FNG)
Pays voisins	- (île)
PNB/habitant	440 $ (2014)
Ressources	café, vanille, pétrole, tabac, crevettes, poisson

Histoire

4ᵉ île du monde par sa superficie (après le Groenland, la Nouvelle-Guinée et le Bornéo), le Madagascar est constitué d'une île principale (à 400 km des côtes africaines) et de plusieurs autres. L'île de Madagascar est tellement accidentée qu'aucun de ses fleuves n'est navigable.

Compte tenu de son isolement par rapport au continent, le Madagascar a connu le développement d'une flore et d'une faune d'une variété et d'une richesse exceptionnelles qui attirent bon nombre de scientifiques.

Les principales communautés du Madagascar sont composées des descendants des Malais et d'Indonésiens – les Merinas (25%) et les Betsileo (12%) – arrivés vers le **début de notre ère**; les Métis, les Noirs, les Arabes (Betsimisaraka, Sakalava, Antaisaka, Antondroy…)… Cette île est en elle-même un condensé de toutes les cultures de l'océan indien.

C'est en **1500** que le premier Européen atteint cette île, il s'agit du Portugais Diego Dias. En **1643**, les Français fondent Fort-Dauphin et tentent une colonisation de l'île. Ils furent contraints à l'abandon en 1674 et se réfugièrent à l'île de la Réunion (anciennement île Bourbon).

Les Français reviennent à la charge au XIXe s. profitant d'une dénonciation par la reine Ranavalona Ier du traité signé avec les Anglais. En **1885**, le Madagascar est reconnu possession française par le congrès de Berlin après un accord de protectorat signé avec Sakalaves. L'île est déclarée colonie française en 1896 dirigée par le général Gallieni qui déposa par la même occasion la reine Ranavalona III.

Le Madagascar accède à son indépendance en 1960.

MALAWI

Identité

Région	Afrique australe
Superficie	118 484 km²
Population	16 700 000 (2014)
Capitale	Lilongwe
Principales villes	Blantyre, Mzuzu, Zomba, Karonga, Nkhotakota
Langues	*Chewa*, <u>Anglais</u>, Lomwe, Yao, Tumbuka
Climat	Tropical. Températures de l'année : 15-32°C
Monnaie	Kwacha (MWK)
Pays voisins	Zambie, Tanzanie, Mozambique
PNB/habitant	250 $ (2014)
Ressources	thé, tabac, coton…

Histoire

Le Malawi est un petit pays de l'Afrique australe qui longe le lac Malawi. Son nom signifie « lac où le soleil a des reflets de feu ».

Plusieurs communautés se partagent ce territoire : les Chewas (43%), les Ngounis (10%), les Lomwes, les Nyanjas, les Yaos, les indiens, les descendants des colons anglais…

Le peuple bantou s'installe dans ce territoire au **Ier siècle**. Plusieurs royaumes s'y sont succédés dont celui des Chewas (XIVe siècle), des Yaos (XVIIIe siècle), des Ngounis (XIXe siècle).

Les Portugais atteignent ces territoires au **XVIIe siècle** mais c'est seulement en 1859 qu'ils découvrent le lac Malawi – par David Livingstone, missionnaire anglais. Les Anglais s'y installent en **1883**. Il devient un protectorat anglais en 1891. Les Anglais le baptisèrent Nyassaland en 1907 (Nyassa signifie « lac »).

Il accède à son indépendance en 1964 avec le nom actuel Malawi.

MAURICE

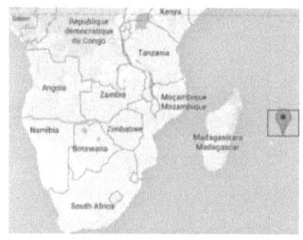

Identité

Région	Océan indien
Superficie	2 040 km²
Population	1 330 000 (2014)
Capitale	Port-Louis
Principales villes	Beau Bassin, Quatre Bornes, Curepipe, Vacoas-Phoenix, Rose Hill, Mahébourg
Langues	*Français*, Anglais, créole, hindi, Bhojpuri
Climat	Subtropical. Températures de l'année : 17-30°C
Monnaie	Roupie mauricienne (MUR)
Pays voisins	- (île)
PNB/habitant	9 710 $ (2014)
Ressources	canne à sucre, thé, tabac, pomme de terre, poisson

Histoire

Parfois appelé le « paradis de l'océan indien », l'île Maurice est une île volcanique superbe avec de belles plages de sable fin. Elle est une destination de rêve de nombreux touristes : climat magnifique, terre bien arrosée, végétation luxuriante...

L'île Maurice fait partie de l'archipel des Mascareignes qui comprend de nombreux îles et îlots : Maurice, Rodrigues, Agalega... Elle est située à l'est de Madagascar et au nord-est de la Réunion.

On pense que l'île Maurice était inhabitée quand elle a été foulée pour la première fois par les navigateurs arabes et indiens vers le **Xᵉ siècle** de notre ère. Les premiers Européens qui abordèrent cet archipel furent les Portugais Domingo Fernandez et Pedro Mascarenhas en **1516**. Ils lui donnèrent le nom de Mascareignes.

En **1598**, les Hollandais s'y établirent et baptisèrent la grande île Mauricius en l'honneur de Maurice de Nassau, prince d'Orange. Ils l'abandonnent en 1710.

En **1715**, les Français s'y établirent et la baptisèrent 'Ile de France'. Les Français furent chassés par les Anglais en 1810 qui la reçurent officiellement en 1814 et lui redonnèrent son nom d'origine Maurice. En 1835, pour satisfaire le besoin de main d'œuvre suite à l'abolition de l'esclavage, les Anglais firent venir les indiens qui constituent actuellement les 2/3 de la population de l'île.

L'île Maurice accède à l'indépendance en 1968.

MAYOTTE

Identité

Région	Océan indien (Afrique australe)
Superficie	374 km^2
Population	230 000 (2014)
Capitale	Mamoudzou (Département français)
Principales villes	Dzaoudzi, Boeni, Bandélé, Sada, Chingoni
Langues	*Français*, swahili
Climat	Tropical. Températures de l'année : -
Monnaie	Euro (EUR)
Pays voisins	- (île)
PNB/habitant	43 070 $ (France 2014)
Ressources	vanille, café, riz

Histoire

Une des îles de l'archipel des Comores, Mayotte est un département français depuis 1976 et un département d'Outre-mer depuis 2011. C'est la seule île des Comores qui a opté de rester dans le giron français après les référendums de 1974 et de 1976, les autres ayant choisi l'indépendance.

Mayotte comprend 18 îlots. Son histoire est très liée à celle des Comores. La France l'occupe en **1841**. Un accord entre la France et l'Angleterre en 1890 établit que la France occupe les Comores et l'Angleterre Zanzibar.

Après un rattachement de toutes les îles des Comores à Mayotte (1904), l'ensemble fut rattaché à Madagascar (1908) puis à la France (1946) avant une autonomie en 1961.

MOZAMBIQUE

Identité

Région	Afrique australe
Superficie	779 380 km²
Population	25 700 000 (2014)
Capitale	Maputo
Principales villes	Beira, Nampula, Nacala, Machaze, Mandie, Chibuto
Langues	*Portugais*, Makua, Tsonga, Sena, Shona, Swahili, Chapi
Climat	Tropical humide. Températures de l'année : 13-30°C à Maputo
Monnaie	Metical (MZM)
Pays voisins	Afrique du Sud, Swaziland, Zimbabwe, Zambie, Malawi, Tanzanie
PNB/habitant	620 $ (2014)
Ressources	coton, thé, noix de cajou, banane, charbon...

Histoire

Pays de l'Afrique australe en face du Madagascar, le Mozambique a connu une longue période d'instabilité politique jusqu'à son indépendance en 1975 et plusieurs années après.

Pays bien arrosé, il contient pas moins de 80 rivières. Il abrite une faune et une flore nombreuses.

Une dizaine de communautés se partagent ce territoire parmi lesquelles les Ngunis, les Yaos, les Shonas, les Tsongas...

Les premiers habitants de ce territoire sont les Bochimans. Les Bantous y arrivent au début de notre ère et furent rejoints par les arabes et les indiens qui développèrent le commerce d'or vers le VIIIe s. avec le royaume de Zimbabwe.

C'est en **1498** que les Européens, le Portugais Vasco de Gama en tête, atteignent les côtes du Mozambique. Lors de son second voyage, les Portugais colonisent ce territoire et atteignent même le royaume de Monomotapa. Durant une partie de la colonisation portugaise, les populations locales furent assujetties aux travaux forcés.

Le Mozambique devint une province portugaise en 1951 avant d'accéder à l'indépendance en 1975.

NAMIBIE

Identité

Région	Afrique australe
Superficie	825 118 km²
Population	2 459 000 (2014)
Capitale	Windhoek
Principales villes	Walvis Bay, Tsumeb, Lüderitz, Keetmanshoop, Otjiwarongo, Swakopmund
Langues	*Anglais*, Afrikaans, Allemand, Kwanyama, Nama, Herero, Kwangali
Climat	Subtropical (très sec) et tempéré. Températures de l'année : 6-30°C à Windhoek
Monnaie	Dollar namibien (NAD)
Pays voisins	Angola, Zambie, Zimbabwe, Botswana, Afrique du Sud
PNB/habitant	5 680 $ (2014)
Ressources	élevage, maïs, poisson, diamant, cuivre, uranium, plomb, or...

Histoire

Anciennement Sud-Ouest africain, ce territoire fut colonisé par les Allemands puis les Sud-africains. Il devient Namibie en 1968 puis accède à son indépendance en 1990.

Très riche en diamant, découvert par hasard dans le sable par un ouvrier de chemin de fer en 1908, la Namibie suscita des convoitises alors même que, de par son climat désertique, il ne semblait pas attirant. Depuis, la richesse de sa flore et de sa faune ont éclipsé la rigidité de son climat et attire un grand nombre de touristes et de scientifiques, particulièrement sur la côte.

Trois grandes régions caractérisent ce pays : le désert du Namib sur la côte, le plateau central et le désert du Kalahari à l'est.

Sa population est composée des Ovambos (bantous) majoritaire (50%), des Bochimans, des Hereros (bantous), des Kavangos, des Namas, des Tsanas, des métis, des Européens (7%)...

Les premiers habitants de la Namibie sont les Bochimans arrivés au **début de notre ère**. Ils sont rejoints par les Hottentos vers le **IXᵉ s** puis par les Bantous.

Après le passage du Portugais Bartolomeo Dias, premier Européen à atteindre le Cap de Bonne-Espérance, les Allemands s'installent sur le territoire namibien en **1878** avant d'établir un protectorat en 1884. Suite à la résistance des populations locales, les Allemands procèdent à leur quasi extermination. Les plus touchés sont les Herero.

Après la Première Guerre mondiale, la Namibie est mise sous administration de l'Afrique du Sud, qui l'avait envahi en 1914. Elle se transforma en une colonisation.

REUNION

Identité

Région	Océan indien (Afrique australe)
Superficie	2 512 km^2
Population	843 000 (2014)
Capitale	Saint Denis (Département français)
Principales villes	Saint Paul, Saint Pierre, Le Tampon, Saint Louis, Le Port, Saint Benoit, Saint André
Langues	*Français*, créole
Climat	Tropical. Températures de l'année : -
Monnaie	Euro (EUR)
Pays voisins	- (île)
PNB/habitant	43 070 $ (France 2014)
Ressources	canne à sucre, ananas, vanille, café, thé

Histoire

Département français, l'île de la Réunion est une île volcanique très montagneuse (point culminant : Piton des Neiges – 3 069 m).

Elle fut découverte par les Portugais en **1513** avant d'être occupée par les Français en 1638. Ils la baptisèrent « Ile Bourdon ». La France la cède à la Compagnie des Indes en 1664 puis la rachète un siècle plus tard avant de lui donner son nom actuel.

Il devient un département d'outre-mer en 1946. Sa population est composée des blancs, des métis et des noirs descendants d'esclaves, des chinois et d'indiens.

SWAZILAND

Identité

Région	Afrique australe
Superficie	17 363 km²
Population	1 287 000 (2014)
Capitale	Mbabane
Principales villes	Manzini, Big Bend, Mhlume, Nhlangano, Pigg's Peak, Stegi
Langues	*Anglais*, Siswati
Climat	Subtropical modéré. Températures de l'année : 6-25°C
Monnaie	Lilangeni (SZL)
Pays voisins	Mozambique, Afrique du Sud
PNB/habitant	2 700 $ (2014)
Ressources	fruits & légumes, bois, tabac, charbon

Histoire

Petit pays d'Afrique, l'une des dernières monarchies, le Swaziland est un pays montagneux, très verdoyant avec un sous-sol riche en charbon, étain, or, fer…

Le territoire du Swaziland actuel fut occupé par les Swazis vers **1820** qui y ont cherché refuge suite aux combats opposant les Zoulous aux colons boers d'Afrique du Sud. Ils furent conduits par Sobhuza Ier.

Les swazis sont des Bantous (de la branche nguni) qui constituent près de 90% de la population actuelle.

En **1902**, ce territoire devint un protectorat britannique après un accord entre les Britanniques, les Boers et le souverain swazi. En 1921, le nouveau roi, Sobhuza II accéda au pouvoir et racheta les terres conquises par les colons. Aujourd'hui, c'est son fils, le roi Mswazi III qui règne sur ce pays depuis 1986.

Le Swaziland est indépendant depuis 1968.

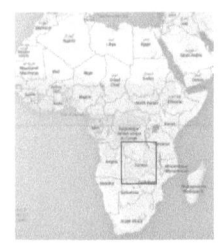

ZAMBIE

Identité

Région	Afrique australe
Superficie	752 620 km²
Population	15 000 000 (2014)
Capitale	Lusaka
Principales villes	Kitwe-Nkana, Ndola, Kabwe, Mufulira, Chingola, Luanshya, Livingstone, Kalulushi, Chilabombwe
Langues	*Anglais*, Swahili, Bemba, Nyanja, Tonga, Lozi
Climat	Tropical. Températures de l'année : 9-31°C à Lusaka
Monnaie	Kwacha (ZMK)
Pays voisins	Angola, Congo RDC, Tanzanie, Malawi, Mozambique, Zimbabwe, Botswana, Namibie
PNB/habitant	1 680 $ (2014)
Ressources	maïs, manioc, tabac, coton, cuivre, cobalt, zinc, charbon

Histoire

La Zambie, ancienne Rhodésie du nord, est principalement occupée par un haut plateau qui explique en partie son climat tempéré. Sa savane abrite un nombre important d'animaux : éléphants, léopards, zèbres, girafes... Sa principale richesse est le cuivre qu'on retrouve en abondance (2e réserve mondiale après les Etats-Unis).

Plusieurs communautés bantoues y vivent (plus de 70) dont les principales sont les Bembas au nord-est (30%), les Lozis à l'ouest, les Tongas au sud.

Les Bantous se sont installés dans ce territoire au **début de l'ère chrétienne** après les Bochimans qu'on considère comme étant les premiers habitants de ce territoire. Plusieurs royaumes se sont développés dans ces territoires dont le royaume Lunda. Les Bemba s'y sont installés vers le **XVIIe siècle**.

Les Portugais atteignent la Zambie vers le **XVIIIe siècle** via l'Angola et le Mozambique. En **1851**, David Livingstone atteint le fleuve Zambèze et découvre les chutes Victoria en 1855. Une grande partie de la Zambie actuelle fut intégrée par Cecil Rhodes en 1890 après un accord avec les Lozis. Elle devient la Rhodésie du nord en 1911.

Elle devint indépendante en 1964.

ZIMBABWE

Identité

Région	Afrique australe
Superficie	390 759 km²
Population	15 500 000 (2014)
Capitale	Harare
Principales villes	Bulawayo, Chitungwiza, Gweru, Kwekwe, Mutare, Kadoma, Wankie, Masvingo, Chegutu, Chinhoyi
Langues	_Anglais_, Shona, Ndebele, Anglais, Manyika, Nyanja, Ndau
Climat	Subtropical. Températures de l'année : 7-27°C à Harare
Monnaie	Dollar du Zimbabwe (ZWD)
Pays voisins	Zambie, Mozambique, Afrique du Sud, Botswana
PNB/habitant	830 $ (2014)
Ressources	maïs, tabac, blé, coton, or, fer, cuivre, étain, charbon

Histoire

Pays des célèbres chutes Victoria, le Zimbabwe possède une faune et une flore très diversifiées qui fait sa richesse, sans compter ses ressources minières. Une grande partie de sa superficie est couverte d'une vaste savane et des forêts qui abritent lions, hippopotames…

Deux communautés constituent sa population : les Shonas (nord) et les Ndébélés (sud).

Les Bochimans, aujourd'hui confinés dans le désert de Kalahari, sont les premiers habitants de ce territoire. Au **début de notre ère**, lors de la migration des Bantous, les Shonas ont commencé à s'y installer. Vers le **Xe siècle**, Ils fondent le royaume de Zimbabwe au nord.

Au **XIVe siècle**, un autre royaume – le royaume de Monomotapa (Mwene Mutapa ou roi des mines) connu son apogée. Ce royaume amorça son déclin après la mort du roi Matope en 1480. C'est vers cette période qu'arrivèrent les Portugais via le Mozambique. Le royaume de Monomotapa disparut quand son roi céda aux Portugais l'exploitation des mines d'or en 1608.
C'est alors que prit naissance le royaume Changamire à partir du sud. Ce dernier fut détruit par les Zoulous Ndébélé vers **1830**.

En 1851, le missionnaire anglais David Livingstone atteint le Zambèze et découvre les chutes Victoria en 1855.

En **1888**, après un accord avec le roi ndébélé Lobengula, Cecil Rhodes, un britannique, pris le contrôle de ces territoires à qui il donna finalement le nom de Rhodésie (en 1895) et fonda la ville de Salisbury (actuellement Harare) en 1890. En réaction à cette expansion qui constituait une rupture de contrat, les Ndébélés déclarèrent la guerre mais firent vaincu et cantonnés, comme les Shonas, dans des « réserves ».

Une politique de ségrégation raciale fut instaurée en Rhodésie durant une grande partie du XXe siècle. La Rhodésie – qui entre-temps est devenu Rhodésie du sud puis Rhodésie et enfin Zimbabwe – accède tardivement à l'indépendance (en 1980) par rapport à ses voisins de la fédération – la Zambie et le Malawi (en 1964).

Section 5 : Grandes Antilles et Etats-Unis

C'est l'ensemble des îles caribéennes du nord-ouest qui constituent les « Grandes Antilles » car elles sont de taille plus importante que celle de leurs voisines du sud-est.

La plupart de ces îles étaient habitées par ceux qu'on finira par appeler les « Indiens ». Les principales communautés d'Indiens d'Amérique qui habitaient ces îles sont les Caribes (d'où provient le nom de « Caraïbes » désignant la Mer et les îles) et les Arawaks.

C'est le 12 octobre 1492 que les Arawaks entrèrent en contact pour la première fois avec les Européens conduits par Christophe Colomb. On pense que la première terre « découverte » par Christophe Colomb fut une des îles de l'actuel Bahamas.

Il semble que les Caribes et les Arawaks habitaient le continent. C'est pour fuir les guerres intercommunautaires qu'ils se sont réfugiés sur les îles en partant des « Petites Antilles » vers les « Grandes Antilles ». La rivalité entre ces deux communautés se poursuivit sur ces îles.

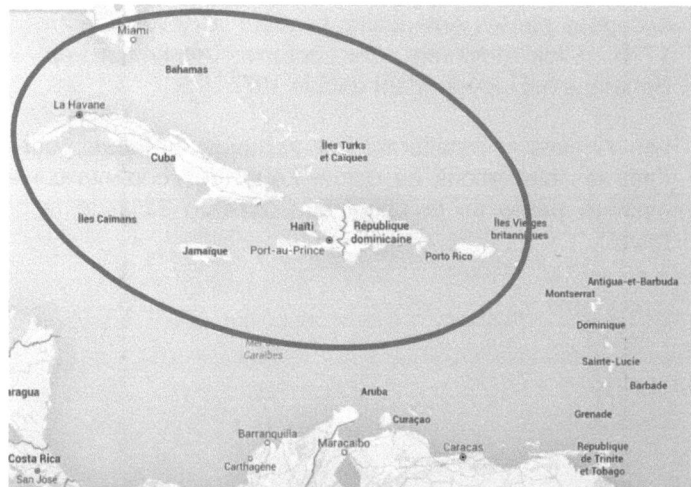

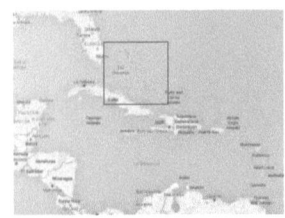

BAHAMAS

Identité

Région	Archipel des Caraïbes (nord)
Superficie	13 935 km^2
Population	388 000 (2014)
Capitale	Nassau
Principales villes	Freeport
Langues	_Anglais_, Créole
Climat	Subtropical. Températures de l'année : 18-32°C à Nassau
Monnaie	Dollar des Bahamas (BSD)
Pays voisins	- (îles)
PNB/habitant	20 980 $ (2014)
Ressources	bois, poisson, sel, tourisme

Histoire

Bahamas est un archipel de 700 îles et de plus de 2 000 îlots situés au sud-est de la Californie et au nord-est de Cuba. Cet archipel s'étend sur 1 200 km. La plus grande île – Andros – a une superficie de 4 144 km². Seulement 40% de ces îles sont habitées.

Lors de son premier voyage, Christoph Colomb arriva semble-t-il sur une des îles de Bahamas – Guanahani – le 12 octobre **1492**. Il la baptisa San Salvador. Il y trouva les indiens Arawaks.

Les Anglais s'installèrent sur ces îles vers **1648**. Elles furent occupées par les Américains pendant la Révolution américaine en 1776. Elles devinrent une colonie britannique en 1787. Le Bahamas est indépendant depuis 1973.

Les Anglais y installèrent les esclaves d'Afrique pour travailler dans les plantations de coton. Leurs descendants constituent la majeure partie de la population (environ 85% de la population totale).

CAÏMANS (ILES)

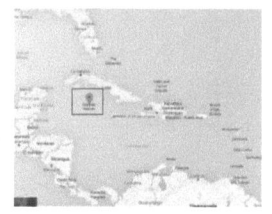

Identité

Région	Antilles (N-O de la Jamaïque)
Superficie	260 km^2
Population	60 000 (2014)
Capitale	George Town
Principales villes	West Bay, Savannah, Boddentown…
Langues	*Anglais*
Climat	Tropical. Températures de l'année : -
Monnaie	Dollar des Caïmans (-)
Pays voisins	- (îles)
PNB/habitant	-
Ressources	-

Histoire

Situé au nord-ouest de la Jamaïque et au sud de Cuba, l'archipel des îles Caïmans est composé de trois îles : Grand Caïman, Petit Caïman et Caïman Brac.

Ces îles furent découvertes en **1503** par Christophe Colomb puis colonisées par les Anglais à partir de **1734**. C'est un territoire britannique.

La population est assez hétéroclite et mélangée. Les descendants des esclaves d'Afrique représentent 20% de la population.

Les Iles Caïmans sont classées dans cette section de Grandes Antilles plus pour leur situation géographique que pour leur superficie.

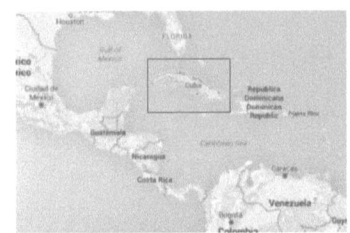

CUBA

Identité

Région	Antilles (Grandes Antilles)
Superficie	114 524 km^2
Population	11 258 000 (2014)
Capitale	La Havane
Principales villes	Santiago de Cuba, Camagüey, Holguín, Guantánamo, Santa Clara, Cienfuegos, Pinar del Rio, Bayamo, Marianao, Las Tunas, Matanzas…
Langues	*Espagnol*
Climat	Tropical. Températures de l'année : 18-32°C à La Havane
Monnaie	Peso cubain (CUP)
Pays voisins	- (îles)
PNB/habitant	5 880 $ (2011)
Ressources	canne à sucre, tabac, café, poisson…

Histoire

Cuba est la plus grande des îles des Caraïbes, plus grande même que toutes ces îles (3 700) réunies. Christophe Colomb y arriva le **28 octobre 1492** alors qu'il était habité par près d'un million d'indiens : Caraïbes, Arawaks, Taïnos, Ciboneyes… Ils furent exterminés au cours des années qui suivirent pour cause d'esclavage, de maladie… Ils furent remplacés par les esclaves Africains.

C'est en **1511** que la véritable colonisation de l'île par les Espagnols commença. L'île fut occupée pendant un bref instant par les Britanniques (1762-1763) puis par les Américains en 1898 après le Traité de Paris qui obligea les Espagnols à l'abandonner.

La population de Cuba est essentiellement composée des descendants d'espagnols (65%), des métis (20%), des descendants d'esclaves africains (10%) ainsi que des chinois.

Le Cuba accède à son indépendance en 1902.

ETATS-UNIS

Identité

Région	Amérique du Nord
Superficie	9 831 500 km^2
Population	321 773 000 (2014)
Capitale	Washington DC
Principales villes	New-York, Miami, Los Angeles, Chicago…
Langues	<u>Anglais</u>, espagnol (10 %), chinois, français, tagalog, hawaïen
Climat	Tempéré, subtropical et méditerranéen. Températures de l'année : -5 -30°C à Washington DC
Monnaie	Dollar (USD)
Pays voisins	Canada, Mexique
PNB/habitant	55 200 $ (2014)
Ressources	Agriculture, industrie, minerais, pétrole…

Histoire

Ce vaste territoire fut habité à l'origine pas les « indiens » d'Amérique et les Inuits. Ils furent rejoints par les Vikings entre le Xe et le XIe siècles. C'est en 1479 que les Européens en quête de découvertes l'abordèrent lors d'une expédition menée par John Cabot. Puis vinrent les Espagnols qui fondèrent Saint-Augustin à Miami en 1565, les Français, les Britanniques, les Hollandais ainsi que les Allemands.

A partir de 1619, les esclaves africains furent amenés en quantité pour la culture du coton, du tabac et d'autres plantes des pays chauds dans les colonies du sud.

L'esclavage est aboli sur le plan national en 1808 mais la ségrégation raciale persista dans les états du sud jusque dans les années 1950-1960.

Les Noirs représentent un peu plus de 13 % de la population majoritairement présents dans les états du sud-est.

HAITI

Identité

Région	Antilles (Grandes Antilles)
Superficie	27 750 km^2
Population	9 993 000 (2014)
Capitale	Port-au-Prince
Principales villes	Cap Haïtien, Pétionville, Gonaïves, Les Cayes, Port-de-Paix
Langues	*Français*, créole
Climat	Tropical. Températures de l'année : 25-30°C à Port-au-Prince
Monnaie	Gourde (HTG)
Pays voisins	République dominicaine
PNB/habitant	820 $ (2014)
Ressources	café, canne à sucre, bois…

Histoire

En face et à l'est de Cuba et voisin de la République dominicaine, Haïti a marqué l'histoire. En effet, il est la première république noire du monde. Il acquit son indépendance en 1804.

Etat le plus pauvre des Amériques et l'un des plus pauvres du monde, Haïti partage l'île d'Hispaniola (Petite Espagne) avec la République dominicaine dont elle n'occupe que le tiers. Ce découpage fait suite au traité de Ryswick, en 1697, qui départagea les Français (Haïti) des Espagnols (République dominicaine).

C'est en **1492** que Christophe Colomb arrive sur cette île, elle était habitée par les indiens Awaraks qui furent décimés par la suite. Cette île fut occupée par les Espagnols quand les pirates français s'emparèrent de l'ouest de l'île en 1697. Ils ne tardèrent pas à faire des incursions dans la partie orientale (actuelle République dominicaine) alors occupée par les Espagnols.

Les Français utilisèrent un grand nombre d'esclaves d'Afrique (dont les descendants constituent 95% de la population actuelle). La révolte des esclaves, en **1791**, conduits par Toussaint Louverture, amena Haïti à son indépendance en 1804. Il ne tarda pas à envahir son voisin, l'actuelle République dominicaine (1822-1844). En **1844**, la partie orientale fait sécession et devint la république de Saint-Domingue et la partie occidentale la république d'Haïti.

Une instabilité marqua tellement cette île qu'entre 1843 et 1915 22 dictatures s'y sont succédées quand les Etats-Unis l'envahirent. Cette occupation américaine dura jusqu'en 1934.

Depuis cette date, comme avant, Haïti n'a pas connu de stabilité politique.

JAMAIQUE

Identité

Région	Antilles (Grandes Antilles)
Superficie	10 991 km^2
Population	2 793 000 (2014)
Capitale	Kingston
Principales villes	Spanish Town, Montego Bay, Port Antonio, Mandeville, Savanna la Mar
Langues	*Anglais*, créole
Climat	Tropical. Températures de l'année : 20-32°C à Kingston
Monnaie	Dollar jamaïcain (JMD)
Pays voisins	- (île)
PNB/habitant	5 220 $ (2013)
Ressources	café, fruits & légumes, bauxite

Histoire

Située au sud de Cuba, la Jamaïque est une île montagneuse. Sa population, composée en majorité des descendants d'esclaves venus d'Afrique, est profondément marquée par le mouvement politico-socio-religieux « Ras Tafari » (rastafarisme) bien connu par sa musique le reggae. Pays très pauvre, son économie est essentiellement basée sur l'agriculture et le tourisme.

Les indiens Arawaks qui y habitaient avant l'arrivée de Christophe Colomb en **1494** l'appelait Xaymaca (Pays des Sources). Les espagnols qui en prirent possession furent chassés par les Anglais en 1655. Ces derniers y importèrent des esclaves d'Afrique pour la culture de la canne à sucre.

Après des périodes de révoltes dans la deuxième moitié des années 1800, elle a connu une période d'accalmie jusqu'à son indépendance en 1962.

PORTO RICO

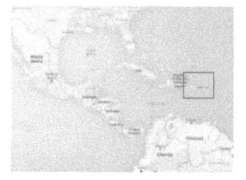

Identité

Région	Antilles (Grandes Antilles)
Superficie	1 284 000 km²
Population	3 680 000 (2014)
Capitale	San Juan (Territoire US)
Principales villes	Bayamón, Ponce, Carolina, Caguas, Mayagüez, Arecibo, Guaynabo, Toa Baja, Trujillo, Aguadilla, Cayey, Guayama
Langues	*Espagnol*, anglais
Climat	Tropical maritime. Températures de l'année : 17-36°C
Monnaie	Dollar américain (USD)
Pays voisins	- (île)
PNB/habitant	19 310 $ (2013)
Ressources	café, canne à sucre, tabac, élevage, cuivre, fer, nickel

Histoire

Situé à l'est de la République dominicaine, Porto Rico (Puerto Rico qui signifie Port Riche) est un état libre associé aux Etats Unis, statut obtenu lors du référendum organisé en 1952. Il se situe à plus de 1600 km de la Floride. Les Portoricains sont des citoyens américains parlant espagnols, citoyenneté acquise en 1917.

Porto Rico est un archipel composé de quatre principales îles ainsi que de nombreux îlots inhabités : Porto-Rico, Mona, Vieques et Culebra.

Christophe Colomb arrive sur l'île de Porto Rico lors de son deuxième voyage en **1493** alors qu'elle était habitée par des Amérindiens. Elle fut colonisée à partir de 1508 par Juan Ponce de Leon. A partir de 1513, l'île commença à être peuplée des esclaves Noirs venus d'Afrique pour les plantations des cannes à sucre.

Elle connut plusieurs invasions anglaises et hollandaises entre le XVIè et le XVIIIè siècles. Elle acquit une autonomie en 1897.

C'est en 1898 (traité de Paris) que Porto-Rico fut cédé aux Etats-Unis au terme d'une guerre avec les Espagnols.

Malgré trois référendums en 30 ans (1967, 1993 et 1999), les Portoricains ont toujours refusé de devenir membre d'un 51è état des Etats-Unis et ont donc conservé leur statut d'état libre rattaché.

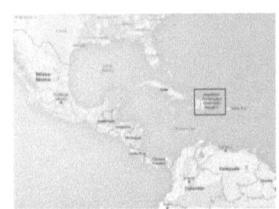

REPUBLIQUE DOMINICAINE

Identité

Région	Antilles (Grandes Antilles)
Superficie	48 442 km²
Population	10 500 000 (2014)
Capitale	Saint-Domingue
Principales villes	Santiago de los Caballeros, Puerto Plata, Barahona, San Pedro de Macoris, San Francisco de Macoris, San Juan
Langues	*Espagnol*
Climat	Tropical. Températures de l'année : 20-30°C à Saint-Domingue
Monnaie	Peso dominicain (DOP)
Pays voisins	Haïti
PNB/habitant	6 030 $ (2014)
Ressources	café, cacao, canne à sucre, or, argent…

Histoire

Etat antillais de Grandes Antilles, la République dominicaine partage avec l'Haïti l'île d'Hispaniola (Petite Espagne) dont elle occupe les 2/3. Ce découpage fait suite au traité de Ryswick, en 1697, qui départageait les Français (Haïti) des Espagnols (République dominicaine).

Ce pays qui bénéficie d'un climat tropical tempéré est bien arrosé et très fertile, ce qui explique sa végétation variée et luxuriante.

« Découverte » en **1492** par Christophe Colomb, elle était habitée par les indiens Arawaks qui furent décimés. C'est là que fut établie la première colonie permanente des Amériques. Ce pays fut marqué par des révolutions et des invasions françaises (1795), haïtiennes (1801 avec Toussaint-Louverture, 1822 avec Jean-Pierre Boyer), espagnoles (1814, 1844), américaines (1916, 1966)… Elle accéda à son indépendance en **1865**.

La population de la République dominicaine est principalement composée de métis.

Section 6 : Petites Antilles et Amérique du Sud

La région appelée « Petites Antilles » est constituée d'une multitude de petites îles situées au sud-est des Grandes Antilles et au nord de l'Amérique du Sud. Comme les Grandes Antilles, la plupart de ces îles étaient habitées avant leur « découverte » par Christophe Colomb au XVe siècle.

L'ensemble de ces îles ne représente que 10% de la superficie totale de toutes les îles des Antilles.

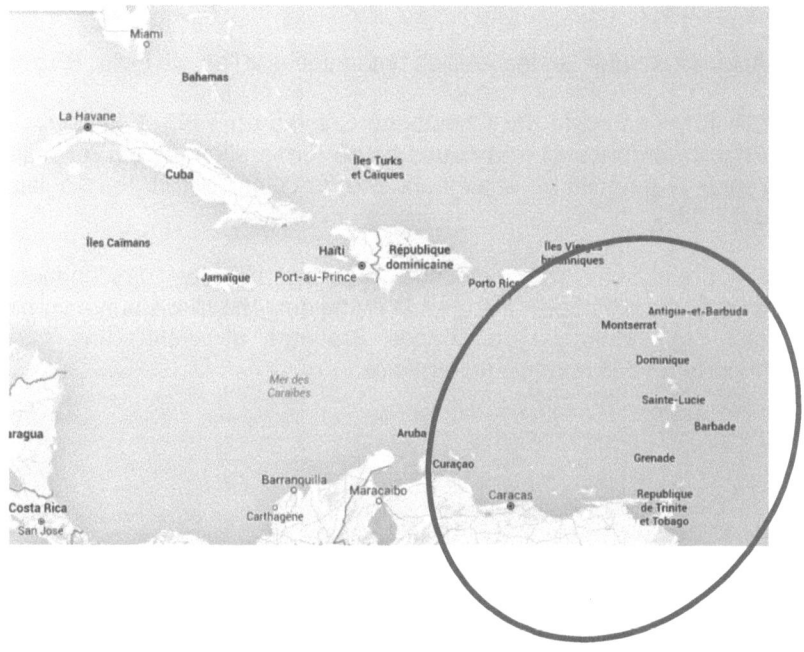

ANGUILLA

Identité

Région	Antilles (Petites Antilles – Iles du vent nord)
Superficie	91 km^2
Population	13 600 (2014)
Capitale	The Valley
Principales villes	-
Langues	*Anglais*
Climat	Tropical
Monnaie	Dollar des Caraïbes
Pays voisins	-
PNB/habitant	230 $ (2001)
Ressources	poisson, sel

Histoire

Anguilla est une île des Antilles britanniques à l'est de Porto Rico.

Elle fut découverte par Christophe Colomb en **1493**. Il la nomma Anguilla probablement à cause de sa forme allongée qui rappelle l'anguille (anguila en espagnol). Elle fut colonisée par les Anglais dès **1690**.

Sa population est composée en majorité des descendants d'esclaves d'Afrique. Une grande partie des Anguillans ont émigrés aux Etats Unis ou en Grande Bretagne et assure une part importante des revenus du territoire.

ANTIGUA-ET-BARBUDA

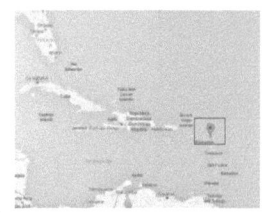

Identité

Région	Antilles (Petites Antilles – Iles du vent est)
Superficie	442 km^2
Population	80 000 (2014)
Capitale	Saint John's
Principales villes	-
Langues	*Anglais*, créole
Climat	Tropical. Températures de l'année : 20-30°C
Monnaie	Dollar des Caraïbes orientales (XCD)
Pays voisins	-
PNB/habitant	13 360 $ (2014)
Ressources	coton, canne à sucre, fruit & légume, poisson, tourisme

Histoire

Antigua-et-Barbuda est un petit état des Petites Antilles situé au nord de la Guadeloupe. Il est composé de trois îles : Antigua, Barbuda et Redonda. Cette dernière est inhabitée.

Christophe Colomb arriva sur Antigua en **1493**. Ces îles furent habitées par les Arawaks puis par les Caribes qui les exterminèrent. Les Anglais les colonisèrent en **1632**. Ils y installèrent des esclaves d'Afrique dont les descendants constituent la quasi-totalité de la population actuelle.

En 1967, ces trois îles formèrent un état associé à la couronne britannique puis devint indépendant en 1981.

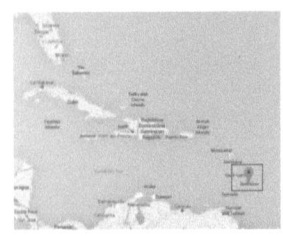

BARBADE

Identité

Région	Antilles (Iles du vent sud-est)
Superficie	430 km²
Population	277 000 (2014)
Capitale	Bridgetown
Principales villes	Holetown, Hastings, Bathsheba
Langues	*Anglais*, Bajan
Climat	Tropical. Températures de l'année : 20-30°C
Monnaie	Dollar de la Barbade (BBD)
Pays voisins	- (île)
PNB/habitant	14 960 $ (2014)
Ressources	canne à sucre, élevage, poisson, pétrole, gaz, tourisme

Histoire

La Barbade est une petite île des Petites Antilles située au sud-est de Sainte Lucie, à l'est de Saint Vincent et au nord de Trinité-et-Tobago.

Découverte par les Espagnols au XVIè siècle, elle fut colonisée par les Anglais dès **1627**. La culture de la canne à sucre occasionna l'introduction des esclaves venus d'Afrique. Leurs descendants constituent aujourd'hui 80% de la population de la Barbade.

La Barbade est indépendante – et membre du Commonwealth – depuis 1966.

BRESIL

Identité

Région	Amérique du Sud
Superficie	8 514 876 km^2
Population	206 100 000 (2014)
Capitale	Brasilia
Principales villes	São Paulo, Rio de Janeiro, Salvador da Bahia, Brasilia, Fortaleza, Belo Horizonte, Manaus, Curitiba, Recife, Porto Alegre…
Langues	*Portugais*
Climat	Tropical et subtropical. Températures de l'année : 17-29°C à Rio de Janeiro
Monnaie	Real (BRL)
Pays voisins	Guyane, Suriname, Guyana, Venezuela, Colombie, Pérou, Bolivie, Paraguay, Argentine et Uruguay
PNB/habitant	11 530 $ (2014)
Ressources	Céréales, manioc, café, caoutchouc, bois, or, argent, pétrole, gaz…

Histoire

D'une extrême richesse par sa flore, sa faune et ses minerais, le Brésil est un pays de la démesure. Cinquième pays du monde par sa superficie (plus de la moitié du continent sud-américain), il est couvert pour le tiers de son territoire par la forêt amazonienne. L'Amazone avec ses 6.400 km est le fleuve ayant le plus grand débit au monde.

Le Brésil est le seul pays de l'Amérique colonisé par les Portugais. Cela faisait suite à un décret du pape Alexandre VI en 1493, amendé par le traité de Tordesillas en 1494, qui établissait que tous les territoires découverts ou à découvrir à l'est d'une ligne nord-sud à 2.050 km à l'ouest des îles du Cap-Vert reviendraient au Portugal. Ceux situés à l'ouest de cette ligne reviendraient à l'Espagne.

C'est en 1500 que le navigateur portugais Pedro Alvares Cabrel arrive sur les côtes de l'actuel Brésil. Ce territoire était déjà habité par plusieurs communautés amérindiennes estimées entre 2 et 6 millions. Elles seront décimées au cours des décennies qui suivront.

Afin d'augmenter la production du sucre, plus de 4 millions d'esclaves venant d'Afrique ont été amenés au Brésil entre le XVIe et le XIXe siècles avant l'abolition de l'esclavage en 1888. Entre le XIXe et le début du XXe siècles, une immigration massive en provenance d'Europe, du Moyen-Orient et d'Asie a permis de constituer la population brésilienne actuelle très cosmopolite.

Le Brésil acquit son indépendance le 7 septembre 1822.

DOMINIQUE

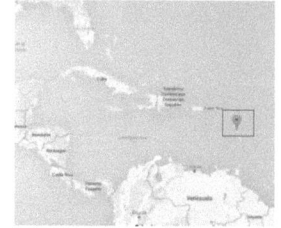

Identité

Région	Antilles (Petites Antilles – Îles du vent)
Superficie	750 km^2
Population	72 200 (2014)
Capitale	Roseau
Principales villes	Portsmouth, Marigot, Berekua, Saint Joseph
Langues	*Anglais*, français, créole
Climat	Tropical. Températures de l'année : 20-30°C
Monnaie	Dollar des Caraïbes orientales (XCD)
Pays voisins	- (îles)
PNB/habitant	7 070 $ (2014)
Ressources	banane, cacao, noix de coco, coprah

Histoire

Île des Petites Antilles, La Dominique est située à mi-chemin entre la Martinique au sud et la Guadeloupe au nord.

C'est un dimanche de **1493** que Christophe Colomb y arriva d'où son nom (en espagnol Domingo : Dimanche). Il y trouva les indiens Caribes.

Après plusieurs disputes entre Français et Anglais pour la suprématie de cette île, les Français finirent par la céder aux Anglais en 1805 pour 12 000 livres.

Sa population est à 90% composée des descendants des esclaves africains arrivés au XVIIIe siècle. On y trouve également des indiens Caribes.

Cette île très accidentée (seulement 3% de sa superficie sont plates) n'est pas très touristique mais présente d'autres curiosités propres aux îles des Caraïbes.

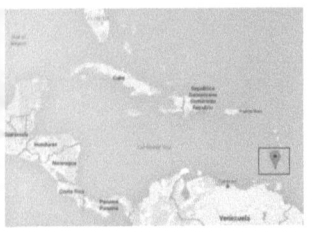

GRENADE

Identité

Région	Antilles (Petites Antilles – Îles du vent sud)
Superficie	344 km^2
Population	109 600 (2014)
Capitale	Saint George's
Principales villes	Gouyave, Hillsborough, Grenville, Sauteurs, Grand Roy
Langues	*Anglais*, créole
Climat	Subtropical. Températures de l'année : 26-28°C à Saint George's
Monnaie	Dollar des Caraïbes orientales (XCD)
Pays voisins	- (îles)
PNB/habitant	7 850 $ (2014)
Ressources	bananes, cacao, fruits & légumes

Histoire

Ile d'origine volcanique, la Grenade comprend également les îles de l'archipel des Grenadines.

Christoph Colomb arriva à La Grenade en **1498** et la baptisa Concepción. Les indiens caraïbes résistèrent à la colonisation de cette île jusqu'en **1650** quand arrivèrent les Français qui les décimèrent.

Elle changea plusieurs fois des mains au gré des rivalités entre les Français et les Anglais. En **1783**, elle fut pour une énième fois reprise par les Anglais qui la conservèrent jusqu'à son indépendance en 1974.

Sa population est en majorité noire d'origine africaine.

GUADELOUPE

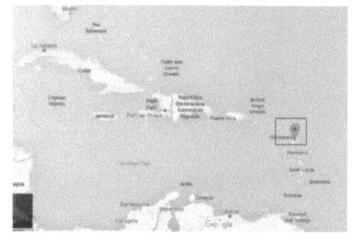

Identité

Région	Antilles (Petites Antilles – Îles du vent)
Superficie	1 705 km^2
Population	410 000 (2014)
Capitale	Basse-Terre (Département français)
Principales villes	Abymes, Pointe-à-Pitre, Le Gosier, Sainte Anne, Moule, Morne-à-l'Eau, Petit Bourg, Sainte Rose, Saint Claude
Langues	*Français*, créole
Climat	Tropical. Températures de l'année : -
Monnaie	Euro (EUR)
Pays voisins	- (îles)
PNB/habitant	43 070 $ (France 2014)
Ressources	canne à sucre, banane, fruits & légumes

Histoire

La Guadeloupe est la plus grande des îles des Antilles françaises. Elle comprend, outre les deux îles principales – la Basse-Terre et la Grande-Terre, les îles de Marie-Galante, la Désirade, les Saintes ainsi que deux dépendances, situées à 250 km de la Guadeloupe au nord-ouest d'Antigua et Barbuda, Saint-Barthélemy et Saint-Martin.

Sa population est majoritairement constituée des descendants d'esclaves africains.

C'est en **1493** que Christophe Colomb arriva en Guadeloupe. Les indiens caraïbes qu'il y trouva opposèrent une forte résistance aux Espagnols.

En **1635**, elle fut conquise par la France et resta française malgré quelques périodes d'occupation anglaises (1759-1763 et 1810-1816). A partir de 1650, la France y importa des esclaves africains pour les plantations de canne à sucre.

C'est en **1815** que fut reconnue officiellement la souveraineté française sur la Guadeloupe par le congrès de Vienne.

La Guadeloupe acquit son statut de Département d'outre-mer en 1946.

GUYANA

Identité

Région	Amérique du sud
Superficie	215 000 km²
Population	782 000 (2014)
Capitale	Georgetown
Principales villes	Linden, New Amsterdam, Corriverton, Mahaicony
Langues	*Anglais*, créole
Climat	Tropical. Températures de l'année : 23-31°C à Georgetown
Monnaie	Dollar de Guyana (GYD)
Pays voisins	Venezuela, Brésil, Surinam
PNB/habitant	4 170 $ (2014)
Ressources	canne à sucre, riz, or, diamant, bauxite...

Histoire

La Guyana, ancienne Guyane Britannique, bien que faisant partie de l'Amérique du Sud, est très liée aux Antilles, marquée ainsi par son histoire.

Ce pays est très riche par sa faune variée et sa flore. Sa forêt est d'ailleurs très peu exploitée. Appelée le « pays aux mille rivières », elle jouit d'un vaste réseau de cours d'eau et de magnifiques chutes (comme celle de Kaieteur deux fois plus haute que celles de Zambèze).

Habitée par des tribus d'indiens d'Amérique – les Caraïbes – la Guyana fut au contact des Européens en **1616** quand débarquèrent les Hollandais suivis des Anglais et des Français principalement. Ce furent d'ailleurs les Français qui fondèrent la capitale Georgetown en 1781. Les Anglais prirent le contrôle de ce territoire en 1814 puis exploitèrent les esclaves Africains.

Après l'abolition de l'esclavage, vinrent d'autres étrangers : Portugais, Chinois, Indiens... Ceci explique la diversité de sa population, composée de six grandes communautés : les Caraïbes (5%), les Noirs et les Métis (40%), les Indiens asiatiques (50%), les Européens et les Chinois.

La Guyana est indépendante depuis 1966.

GUYANE

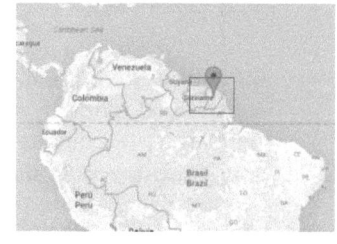

Identité

Région	Amérique du sud
Superficie	83 534 km²
Population	242 000 (2014)
Capitale	Cayenne (Département français)
Principales villes	Kourou, Saint Laurent, Rémire, Sinnamary
Langues	*Français*, créole
Climat	Tropical. Températures de l'année : -
Monnaie	Euro (EUR)
Pays voisins	Surinam, Brésil
PNB/habitant	43 070 $ (France 2014)
Ressources	bois, fruits & légumes, poisson, or

Histoire

Département français d'outre-mer, la Guyane est un pays couvert dans sa quasi-totalité par la forêt équatoriale. Sa population se concentre sur la côte atlantique. Plusieurs îles font partie de la Guyane (Iles du Salut, Ile du Diable...).

Sa population est composée de plusieurs communautés : les Européens, les créoles ou métis, les descendants d'esclaves africains (esclaves affranchis et « nègres marrons » : esclaves fugitifs), les amérindiens (Arawaks, Caraïbes, Tupi-Guarani, Galibi, Palikou, Wayawa, Waapi, Oyano), les chinois, les Indo-pakistanais, les laotiens, les Haïtiens, les Brésiliens.

C'est en **1604** que s'installèrent les premiers français sur ce territoire après les Hollandais. Les Français fondèrent la ville de Cayenne en 1637.

En 1667, suite au traité de Breda, les Anglais qui, entre-temps conquirent ce territoire, le confièrent aux Hollandais. Mais, le traité d'Utrecht, en **1713**, confirma la souveraineté française sur ce territoire. La Guyane passa un bref instant entre les mains des Portugais entre 1809 et 1814.

Au début des années 1780, la France importe de nombreux esclaves d'Afrique. Après l'abolition de l'esclavage, l'empereur Napoléon III décida de transformer la Guyane en colonie pénitentiaire – qui dura jusqu'en 1945 – compte tenu de la rigueur de son climat insupportable des Européens. Ainsi naquirent les tristement célèbres bagnes de Saint-Laurent-du-Maroni, de Cayenne ou de l'île du Diable.

En 1946, la Guyane obtint le statut de département d'outre-mer.

Depuis 1968, le centre spatial de Kourou a mis encore en avant la Guyane.

MARTINIQUE

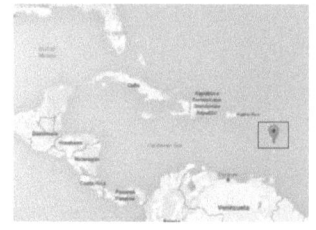

Identité

Région	Antilles (Petites Antilles – Îles du vent sud)
Superficie	1 128 km^2
Population	395 000 (2014)
Capitale	Fort-de-France
Principales villes	Le Lamentin, Sainte Marie, Le François, La Trinité, Saint Pierre, Ducos
Langues	*Français*, créole
Climat	Tropical. Températures de l'année : -
Monnaie	Euro (EUR)
Pays voisins	- (île)
PNB/habitant	43 070 $ (France 2014)
Ressources	canne à sucre, fruits & légumes

Histoire

Département français, la Martinique est une petite île des Petites Antilles. D'origine volcanique, elle a marqué l'histoire quand, en 1902, la montagne Pelée cracha ses laves sur la ville de Saint-Pierre faisant 30 000 morts.

Son rhum est connu pour être l'un des meilleurs de toutes les Caraïbes.

C'est lors de son 4e voyage en **1502** que Christophe Colomb arriva sur l'île. Elle ne fut occupée que tardivement à cause de la résistance indienne. En effet, à l'arrivée des Européens, elle était habitée par les indiens caraïbes qui l'appelaient Madinina.

C'est en **1635** qu'elle fut colonisée lorsque Pierre Belain d'Esnambuc en prit possession au nom de la France. Elle restera française malgré quelques incursions anglaises (1762, 1794-1802). Pendant toute cette période, le besoin en main d'œuvre favorise la Traite des esclaves en provenance de l'Afrique. Après l'abolition de l'esclavage et la révolution de 1848, les Français font appel à la main d'œuvre venue de l'Inde.

C'est en 1946 qu'elle obtint le statut de Département d'Outre-mer.

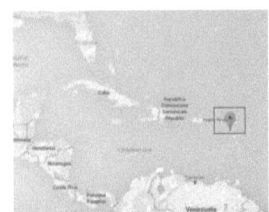

MONTSERRAT

Identité

Région	Antilles (Petites Antilles – Îles du vent sud)
Superficie	102 km²
Population	4 900 (2014)
Capitale	Plymouth (Territoire britannique)
Principales villes	-
Langues	*Anglais*, créole
Climat	Tropical. Températures de l'année : -
Monnaie	Dollar des Caraïbes (-)
Pays voisins	- (île)
PNB/habitant	-
Ressources	Coton, fruits

Histoire

Située au sud-ouest d'Antigua et au nord-ouest de la Guadeloupe, Montserrat est une petite île volcanique des Petites Antilles qui fut découverte par Christophe Colomb en **1493**. Il lui donna ce nom en mémoire de la montagne Montserrat en Espagne (Catalogne).

Montserrat fut colonisée par les Anglais en **1632**. Elle passa aux mains des Français pendant des courtes périodes de temps. Elle devint indépendante en 1962.

La population de Montserrat est composée principalement des descendants des esclaves africains.

SABA

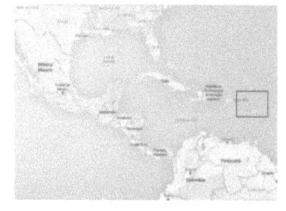

Identité

Région	Petites Antilles (au nord, à l'est de Porto Rico)
Superficie	13 km^2
Population	2 000 (2014)
Capitale	The Bottom
Principales villes	Windwardside, Hell's Gate et Saint John
Langues	*Néerlandais*, anglais
Climat	
Monnaie	Florin des Antilles Néerlandaises (ANG)
Pays voisins	- (île)
PNB/habitant	-
Ressources	Dentelles, tourisme

Histoire

C'est la plus petite des îles des Antilles néerlandaises. Elle fut aperçue par Christophe Colomb le samedi 13/11/1493, sans y débarquer, d'où son nom.

Les Anglais y débarquèrent en 1632 après un naufrage. Elle fut colonisée par les Néerlandais à partir de 1640.

Son aérodrome, ouvert en 1963, a la piste la plus courte du monde où seuls 3 modèles d'avions sont autorisés à l'utiliser.

Saba est une commune néerlandaise à statut particulier depuis 2007.

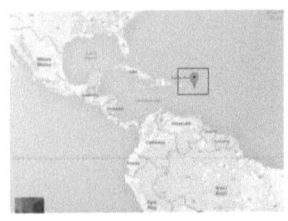

SAINT CHRISTOPHE ET NIEVES (NEVIS)

Identité

Région	Antilles (Petites Antilles – Îles du vent)
Superficie	269 km²
Population	46 000 (2014)
Capitale	Basseterre
Principales villes	Charlestown, Newcastle, Sandy Point
Langues	*Anglais*, créole
Climat	Tropical. Températures de l'année : 24-27°C
Monnaie	Dollar des Caraïbes orientales (XCD)
Pays voisins	- (île)
PNB/habitant	14 490 $ (2014)
Ressources	canne à sucre, coton, noix de coco, élevage

Histoire

Etat indépendant constitué de deux îles qui forment son nom, Saint-Christophe-et-Nieves fait partie des îles sous le Vent. Elles furent découvertes par Christophe Colomb en **1493** alors qu'elles n'étaient pas habitées.

Les Anglais et les Français y débarquèrent à partir de 1623. Après plusieurs affrontements entre eux, elles devinrent britanniques en 1783 après le traité de Paris. Elles devinrent membre de la colonie britannique en 1871 et acquirent leur indépendance en 1983.

SAINT-EUSTACHE

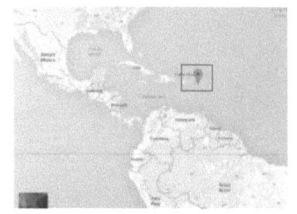

Identité

Région	Antilles (Petites Antilles)
Superficie	21 km^2
Population	3 100 (2014)
Capitale	Oranjestad (Territoire néerlandais)
Principales villes	-
Langues	*Néerlandais*
Climat	Tropical. Températures de l'année : -
Monnaie	-
Pays voisins	- (île)
PNB/habitant	-
Ressources	Cultures

Histoire

Petite île des Petites Antilles, Saint-Eustache (Sint Eustatius ou Statia en néerlandais) est une île néerlandaise située à l'ouest d'Antigua et Barbuda.

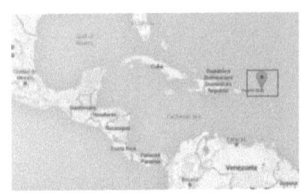

SAINT-MARTIN

Identité

Région	Antilles (Petites Antilles)
Superficie	87 km² (52 France et 34 Pays-Bas)
Population	74 000 (2014) – 36 500 France et 37 400 Pays-Bas
Capitale	Marigot (France) et Philipsburg (Pays-Bas)
Principales villes	-
Langues	_Français_, _Néerlandais_
Climat	Tropical. Températures de l'année : -
Monnaie	Euro (EUR)
Pays voisins	- (île)
PNB/habitant	-
Ressources	-

Histoire

Située entre les îles Anguilla et Saint Barthélemy à l'est de Porto-Rico, Saint Martin est une petite île partagée entre la France et le Pays Bas depuis **1648**. En effet, cette année, ces deux nations occupèrent l'île en même temps. Un accord signé le 23 mars 1648 permit ce partage.

La partie française est sous administration de la Guadeloupe. La partie néerlandaise fait partie des Antilles néerlandaises.

Cette île a su tirer profit du tourisme en développant des infrastructures adaptées : hôtellerie, plages aménagées…

SAINT-VINCENT ET LES GRENADINES

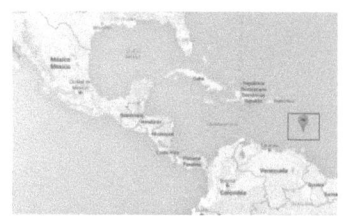

Identité

Région	Antilles (Petites Antilles sud)
Superficie	389 km²
Population	110 000 (2014)
Capitale	Kingstown
Principales villes	Georgetown, Fancy, Chateaubelair, Layou
Langues	*Anglais*, créole
Climat	Tropical. Températures de l'année : 26-28°C
Monnaie	Dollar des Caraïbes orientales (XCD)
Pays voisins	- (île)
PNB/habitant	6 560 $ (2014)
Ressources	bananes, noix de coco, épices, taro

Histoire

Etat indépendant des Antilles, Saint-Vincent-et-les-Grenadines se situe entre la Grenade au sud et Sainte Lucie au nord. Très arrosé, ce pays possède un sol très fertile d'origine volcanique.

Avec une population composée principalement des Noirs et des métis, descendants des esclaves d'Afrique, ce pays fut habité en premier par les indiens Ciboneys plusieurs **siècles avant notre ère**. Ils furent suivis des Arawaks puis des Caraïbes.

Ces îles furent foulées par Christophe Colomb probablement en **1498**. Les Européens ne s'y établirent qu'à partir du XVIIe siècle.

Ces îles changèrent plusieurs fois de mains pour finalement être conquises par les Anglais au détriment des Français qui perdirent la guerre en 1783. Il en fut de même des indiens Caraïbes qui furent finalement déportés aux îles de la Baie après leur défaite en 1797.

Membre du Commonwealth, ce pays acquis son indépendance en **1979**.

SAINTE-LUCIE

Identité

Région	Antilles (Petites Antilles)
Superficie	619 km^2
Population	173 800 (2014)
Capitale	Castries
Principales villes	Vieux Fort, Dennery, Micoud, Soufrière
Langues	_Anglais_, français, créole
Climat	Tropical. Températures de l'année : 25-28°C
Monnaie	Dollar des Caraïbes orientales (XCD)
Pays voisins	- (île)
PNB/habitant	7 080 $ (2014)
Ressources	bananes, noix de coco, cacao

Histoire

Coincée entre la Martinique au nord et Saint-Vincent au sud, Sainte-Lucie est une île volcanique dont la population est à 95% composée des descendants des esclaves africains (noirs et métis).

Elle fut occupée en premier et brièvement par les Anglais en **1605**. Elle devint une colonie française en **1635**. En **1814**, après avoir changé de tutelle plus d'une dizaine de fois entre les Français et les Anglais, le traité de Paris l'accorda à la Grande-Bretagne. Elle devint en **1979** un Etat indépendant.

SURINAM

Identité

Région	Amérique du sud
Superficie	163 265 km²
Population	540 000 (2014)
Capitale	Paramoribo
Principales villes	Brokopondo, Commewijne, Nickerie, Nieuw Nickerie, Wanica, Para, Marienburg, Totness
Langues	*Néerlandais*, Anglais, Sranan, Chinois, Espagnol, Hindi, Créole, Javanais, Ndjuka
Climat	Tropical. Températures de l'année : 27°C à Paramoribo
Monnaie	Florin du Surinam (SRG)
Pays voisins	Guyana, Brésil, Guyane
PNB/habitant	9 470 $ (2013)
Ressources	café, cacao, riz, bois, bauxite

Histoire

Ancienne Guyane-Hollandaise, le territoire correspondant au Surinam actuel était occupé par les indiens Caraïbes et Arawaks. Les Hollandais s'y sont installés en **1581**. En **1667**, les Anglais cédèrent aux Hollandais leur territoire de l'Amérique du Sud en échange du territoire de l'Amérique du Nord qui est devenu aujourd'hui New York.

Le Surinam faisait partie intégrante du Pays-Bas jusqu'en 1954 où il reçut plus d'autonomie avant d'être indépendant en 1975.

Après l'abolition de l'esclavage en 1863, d'autres populations s'y établirent : Indiens, Chinois, Indonésiens... Ceci explique la multitude de communautés vivant au Surinam : les créoles ou métis (des amérindiens et des Africains) 30%, les Indiens d'Asie 40%, les descendants des esclaves d'Afrique 10%... Toutes ces communautés cohabitaient jusqu'aux désordres politiques des années 1980.

Les amérindiens ont été refoulés dans la forêt. Cette forêt dense recouvre tout le sud du pays. Elle reste sous exploitée et recèle bien de richesses naturelles non encore exploitées.

TRINITE-ET-TOBAGO

Identité

Région	Antilles (Petites Antilles sud)
Superficie	5 128 km^2
Population	1 330 000 (2014)
Capitale	Port of Spain
Principales villes	San Fernando, Arima, Scarborough
Langues	*Anglais*, créole, hindi
Climat	Tropical. Températures de l'année : 24-26
Monnaie	Dollar de Trinidad et Tobago (TTD)
Pays voisins	- (îles)
PNB/habitant	15 550 $ (2013)
Ressources	canne à sucre, cacao, café, pétrole, gaz

Histoire

Situées au nord-est du Venezuela à l'embouchure du fleuve Orénoque, les îles de Trinité et de Tobago ont été accostées par Christoph Colomb le 31 juillet **1498** (3e voyage). Elles étaient occupées à l'époque par les Arawaks, les Caribes et les Igneri, des indiens d'Amérique.

Elles firent espagnoles dès leur découverte. Les Britanniques s'emparèrent de La Trinité en **1797** qui leur fut cédée officiellement en **1802**. L'île de Tobago, qui changea plusieurs fois de mains, fut cédée aux Britanniques par la France en **1814**. Ces îles, réunies, sont devenues indépendantes en **1962**.

La population de Trinité-et-Tobago est très cosmopolite. Elle est composée à 43% des descendants des esclaves africains et à 40% des descendants d'asiatiques arrivés au courant du XIXe siècle pour travailler dans les plantations de canne à sucre après l'abolition de l'esclavage. Le reste de la population est composée d'européens, des chinois, des moyens-orientaux…

VIERGES AMERICAINES (ILES)

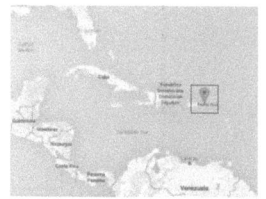

Identité

Région	Antilles (Petites Antilles – Iles du vent)
Superficie	352 km²
Population	106 000 (2014)
Capitale	Charlotte Amalie (Territoire US)
Principales villes	Frederiksted, Christiansted, Cruz Bay
Langues	*Anglais*, Espagnol
Climat	Tropical. Températures de l'année : -
Monnaie	Dollar US (USD)
Pays voisins	- (îles)
PNB/habitant	55 200 $ (USA, 2014)
Ressources	canne à sucre, tourisme, textiles…

Histoire

Situées à l'est de Porto-Rico et au sud des Iles Vierges Britanniques, les Iles Vierges Américaines sont composées d'une soixantaine d'îlots pour la plupart inhabités et de trois îles principales : Saint-Thomas (où se trouve la capitale), Saint John et Sainte-Croix, la plus grande où se trouve l'une des plus grandes raffineries de pétrole au monde.

Christophe Colomb y arriva en **1493** alors qu'elles étaient habitées par les Arawaks puis par les Caribes, des indiens d'Amérique. Ces îles furent nommées ainsi par Christophe Colomb en hommage à sainte Ursule et aux vierges qui furent martyrisées avec elle.

Elles furent occupées par les Danois en **1666** qui y développèrent le commerce d'esclaves au cours du XVIIIè siècle.

En raison de leur position stratégique (accès au canal de Panama), les Etats-Unis les achetèrent aux danois en **1917** (après 50 ans de négociations) pour 25 millions de dollars.

VIERGES BRITANNIQUES (ILES)

Identité

Région	Antilles (Petites Antilles – Iles du vent)
Superficie	150 km^2
Population	30 000 (2014)
Capitale	Road Town (Territoire britannique)
Principales villes	Spanish Town, The Settlement
Langues	*Anglais*, créole
Climat	Tropical. Températures de l'année : -
Monnaie	Livre Sterling (GBP)
Pays voisins	- (îles)
PNB/habitant	42 690 $ (GB, 2014)
Ressources	Tourisme

Histoire

Composées d'une quarantaine d'îles, les Iles Vierges Britanniques se situent à l'est de Porto-Rico et au nord des Iles Vierges Américaines. Seules 16 de ces îles sont habitées. Parmi elles citons : Tortola, la plus grande des îles où se trouve la capitale, Virgin Gorda, Jost Van Dyke…

C'est en **1493** que Christophe Colomb arriva sur ces îles. Elles furent occupées par les Hollandais en **1648** puis deviennent britanniques en **1666**. Ces îles furent nommées ainsi par Christophe Colomb en hommage à sainte Ursule et aux vierges qui furent martyrisées avec elle.

Avant l'arrivée de Christophe Colomb, elles étaient habitées par les Arawaks et les Caribes, des indiens d'Amérique.

Quelques repères

Burkina Faso (p. 25)	Signifie "Pays des hommes intègres"
Cameroun (p. 26)	Vient de "Rio dos Camaroës" ou "Rivière des crevettes"
Congo RDC (p. 55)	Possède le 2e fleuve en longueur après le Nil et le 2e fleuve en débit après l'Amazone. Qualifié de « scandale géologique » pour la richesse de son sous-sol
Côte d'Ivoire (p. 29)	Nom donné à cause du commerce des esclaves et de l'ivoire
Cuba (p. 82)	La plus grande île des Caraïbes
Djibouti (p. 10)	Le plus petit pays d'Afrique (23.200 km2), il a le climat le plus sec et le plus chaud du monde (t° > 40° C)
Gambie (p. 30)	Pays le moins large (50 km de large maximum sur 320 km de long)
Ghana (p. 31)	1er état indépendant de l'Afrique noire (en 1957) et 1er royaume africain
Haïti (p. 84)	1ère république noire (indépendance en 1804)
Jamaïque (p. 86)	Vient de "Xaymaca" ou "Pays des sources" en langue des indiens Arawaks
Libéria (p. 37)	1er état indépendant de l'Afrique en 1847 (créé pour le retour des esclaves affranchis). L'un des deux seuls états africains non colonisés (avec l'Ouganda)
Madagascar (p. 66)	4e île du monde par sa superficie (après le Groenland, la Nouvelle-Guinée et le Bornéo)
Malawi (p. 68)	Signifie « lac où le soleil a des reflets de feu »
Nigeria (p. 42)	Le pays le plus peuplé de l'Afrique
Ouganda (p. 13)	L'un des deux seuls états africains non colonisés (avec le Libéria)
Saba (p. 103)	Dispose de la piste d'atterrissage la plus courte au monde
Sierra Leone (p. 46)	Signifie "Montagne du Lion" (à cause de la forme de la montagne)
Somalie (p. 17)	Pays avec le plus grand nombre de chameaux au monde
Soudan (p. 19)	Vient de « Bilad al-Sudan » (Pays des Noirs)
Tanzanie (p. 21)	Pays des extrêmes - *A lire sans faute !*

Bibliographie :

Le Grand Livre du Monde, 6ᵉ édition, 1994, Sélection du Reader's Digest

Afrique Noire, Histoire et Civilisations, Tome 1, 1995, E. M'Bokolo, Hatier

PNB (RNB) : source Banque Mondiale (compilation donnees.banquemondiale.org)

Wikipedia pour certaines informations

Cartes (toutes) : Google Maps
© Google Inc. 2016. Tous droits réservés. Google et le logo Google sont des marques déposées de Google Inc.

Table des matières

Introduction *3*

Section 1 : Afrique de l'Est *7*

Section 2 : Afrique de l'Ouest *23*

Section 3 : Afrique centrale *51*

Section 4 : Afrique australe et Océan Indien *59*

Section 5 : Grandes Antilles et Etats-Unis *79*

Section 6 : Petites Antilles et Amérique du Sud *89*

Quelques repères *113*

Bibliographie : *114*

Tous droits réservés

Éditeur : BoD-Books on Demand
12/14 rond point des Champs Élysées, 75008 Paris, France
Impression : BoD-Books on Demand, Norderstedt, Allemagne

ISBN : 978-2-322-07668-0
Dépôt légal : mai 2016